Leander Linnens Wunderladen

Eine Koproduktion mit rbbKultur
2. Auflage 2023

Text: Lena Hach
Illustrationen: Friederike Ablang
Grafik und Gestaltung: Lena Ellermann
Druck und Bindung: Grafisches Centrum Cuno, Calbe

MIXTVISION DRUCKT IN DEUTSCHLAND

MIX
Papier aus verantwortungsvollen Quellen
FSC® C043106
FSC www.fsc.org

ISBN: 978-3-95854-192-4

Lena Hach

Leander Linnens Wunderladen

24 + 1 weihnachtliche Vorlesegeschichten

Illustriert von Friederike Ablang

MIXTVISION
Weiter. Erzählen.

1. Die rote Pudelmütze

Es gibt da, in der schmalsten Gasse der Stadt, diesen zauberhaften kleinen Laden. Geführt wird er seit Jahrzehnten – wenn nicht noch länger – von Leander Linnen; einem stattlichen Mann mit Kugelbauch, struppigen weißen Haaren und Rauschebart. Auf seiner Nase, die zum Nordpol zeigt, sitzt eine silberne Brille. Immer ein bisschen schief und immer ein bisschen schmutzig, weil der alte Mann einfach nicht dazu kommt, sie zu putzen. Es gibt aber auch wirklich Wichtigeres als saubere Brillengläser – gerade jetzt, so kurz vor Weihnachten!

Die meisten Menschen übersehen Leander Linnens kleinen Laden übrigens: Der Waschsalon links davon ist viel praktischer und das Reisebüro rechts viel interessanter. Ja, Leander Linnens Laden hat nicht einmal ein Schild über der Tür! Hinge da eines, müsste wohl *Trödel* darauf stehen. Denn der Laden ist vollgepackt mit altem Plunder und scheinbar überflüssigem Krimskrams. Und das ist nur der Verkaufsraum, im Hinterzimmer mit der kleinen Küchenzeile geht es ja noch weiter. Das jedoch ist höchst privat. Denn dort lagern Dinge, die niemanden etwas angehen. Das heißt, niemanden außer Leander Linnen höchstpersönlich.

Gerade befindet sich Leander Linnen allerdings im Verkaufsraum an seinem Tresen, auf dem die Gläser mit den bunten Süßigkeiten und der Adventskranz stehen. Hinter ihm an der Wand tickt die Kuckucksuhr, verlässlich wie immer. Und der alte Mann? Sortiert Papiere. Allesamt wichtige Bestellungen – aus der ganzen Welt. Klingeling, machen da die silbernen Glöckchen über der Tür. Klingeling.

Leander Linnen sieht auf und blickt in das Gesicht eines Mädchens, das eifrig auf einem Kaugummi herumkaut. Noch auffälliger ist aber das dicke Paar Fäustlinge an seinen Händen, denn es passt nicht so recht zum Wetter. Zwar ist Dezember, aber noch lassen die ganz frostigen Temperaturen auf sich warten.

»Kann ich dir helfen?«, fragt Leander Linnen. »Oder magst du dich ein bisschen umsehen?«

Das Mädchen formt eine mächtige Kaugummiblase und lässt sie – peng – wieder zerplatzen.

»Beides«, sagt es entschieden. »Erst sehe ich mich um und dann kannst du mir helfen.«

»Einverstanden.«

Leander Linnen wendet sich wieder seinem Papierstapel zu. Neugierig läuft das Mädchen zwischen den Regalen entlang. Sein Blick wandert über die vielen Dinge, die ungeordnet in den Fächern liegen. Es ist eine kuriose Sammlung. Hier ein altmodischer Puppenwagen, dort eine Gießkanne aus Blech. Neben einer antiken Spiegelkommode sind bemalte Pappkisten übereinandergestapelt und ganz oben, auf der kleinsten, thront eine Schneekugel. Darin ein klitzekleiner Schneemann. Das Mädchen zieht einen Hocker herbei, klettert darauf und muss sich trotzdem noch auf die Zehenspitzen stellen, um an die Kugel zu gelangen.

»Sag mal, findest du meine Fäustlinge seltsam?«, fragt es plötzlich und sehr laut.

Überrascht lässt Leander Linnen von seinen Papieren ab.

»Nein. Ich finde, Handschuhe sind sehr ernst zu nehmende Kleidungsstücke.«

»Aber ist es nicht seltsam, dass ich Fäustlinge trage, obwohl es gar nicht schneit?«, hakt das Mädchen nach. Die Schneekugel hält es immer noch in den Händen.

Leander Linnen reibt sich das Kinn und überlegt: »Es könnte jederzeit einen Temperatursturz geben. Im Dezember ist das sogar zu erwarten.«

»Das wäre toll«, seufzt das Mädchen. Jetzt schüttelt es die Schneekugel mit aller Kraft. Weiße Flocken wirbeln auf und ab, tanzen um den Schneemann herum und kommen erst langsam wieder zur Ruhe. Als das Mädchen die Kugel abstellen will, ganz oben auf der höchsten Kiste, passiert es: Das Mädchen verliert das Gleichgewicht. Es sucht Halt, aber außer dem Knauf einer Schranktür ist da nichts. Die Tür geht auf, das Mädchen fällt zu Boden und wird vom Inhalt des vollgestopften Schranks begraben. Jede Menge Kleider sind das, außerdem üppige Hüte, verziert mit Federn und Kirschen aus Plastik. Auch ein Spazierstock ist dabei und – zuoberst – eine leuchtend rote Pudelmütze.

Besorgt eilt Leander Linnen zu dem Mädchen.

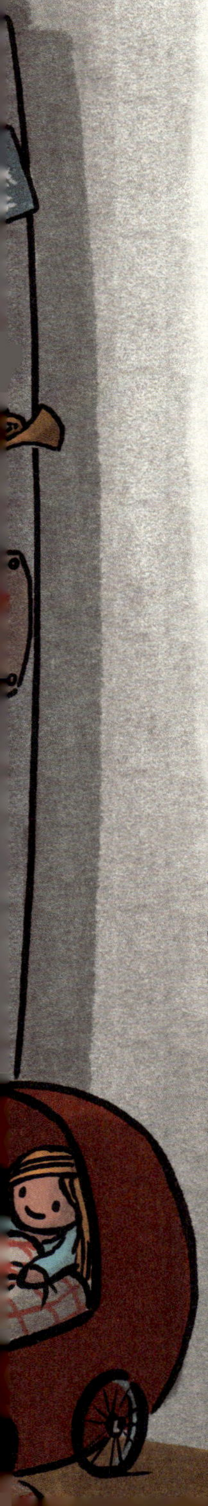

»Nix passiert«, meldet es. »Hab nur meinen Kaugummi verschluckt.« Gemeinsam beginnen sie, wieder für Ordnung zu sorgen. Leander Linnen greift nach der Pudelmütze.

»Eine gute Wahl«, findet er.

»Hä?« Das Mädchen versteht nicht. »Aber ich hab mir doch gar nichts ausgesucht.«

Der alte Mann schmunzelt.

»Ich habe auch nicht mit dir gesprochen. Sondern mit dem schönen Stück hier.«

Er dreht die Mütze in seinen Händen, zupft liebevoll an dem Bommel – und dann, einer plötzlichen Eingebung folgend, setzt er sich die Mütze auf. Er zieht sie tief in seine Stirn und nimmt vor der Spiegelkommode Platz. Leander Linnen betrachtet sich lange, scheint jede seiner Falten genau zu studieren … bis sich ein Lächeln auf sein Gesicht schleicht. Er krault seinen Bart, kurz darauf grinst er, immer breiter, rümpft seine Nase, wackelt mit den Ohren, legt die Stirn in tiefe Falten und zwinkert sich zu, um sich kurz darauf die Zunge herauszustrecken. Grimasse folgt auf Grimasse; das Mädchen kann gar nicht so schnell gucken. Und dann ist das Schauspiel auch schon wieder vorbei. Erschöpft zieht sich Leander Linnen die Mütze vom Kopf. Auf einmal ist es ihm fast peinlich.

»Manchmal geht es ein bisschen mit mir durch«, murmelt er. »Liegt an den Erinnerungen. Die überkommen mich regelrecht.«

Leander Linnen macht eine Pause, bevor er weiterspricht. »Stell dir vor: Die Mütze habe ich als Lehrling getragen.«

»Als Lehrling?«, fragt das Mädchen neugierig.

Der alte Mann nickt.

»Was bin ich mit dem Prachtstück um die Welt gereist! Am Nordpol habe ich Eisbären gekrault. Am Südpol mit Pinguinen belegte Brote gegessen.« Er knetet die Mütze in seinen Händen. »Jetzt habe ich eine andere. Da fällt mir ein, ich muss noch meinen Schal finden. Es kann kalt werden, weißt du ...« Der alte Mann bricht ab. Und dann fragt er das Mädchen, ob es die Mütze haben möchte. Es zögert.

»Es ist doch seltsam, bei so einem Wetter mit einer Pudelmütze herumzulaufen«, sagt das Mädchen. »Ich sollte auch meine Fäustlinge lieber zu Hause lassen. Dann ärgert mich zumindest niemand mehr.«

Leander Linnen macht große Augen.

»Du wirst geärgert? Wegen solch großartiger Handschuhe?«

Das Mädchen nickt.

»Weil es gar nicht so kalt ist. Da haben die anderen schon recht ... Aber ich wünsche mir halt so sehr, dass es schneit. Und falls es dann passiert, bin ich vorbereitet!«

Leander Linnen kann sich kaum noch halten. »Die anderen«, murmelt er und läuft aufgeregt in seinem Laden hin und her. »Die anderen! Die anderen! Die haben ja keine Ahnung, die anderen!« Jetzt blickt er dem Mädchen direkt in die braunen Augen. »Du brauchst die Mütze. Unbedingt.«

Das Mädchen zuckt mit den Schultern.

»Eigentlich ist Grün meine Lieblingsfarbe«, murmelt es.

Leander Linnen schüttelt ungeduldig den Kopf.

»Wenn du mich fragst, ist die Farbe völlig unwichtig«, meint er. »Es zählt nur, was eine Mütze kann.«

Das Mädchen sieht auf.

»Was eine Mütze kann?«, wiederholt es langsam.

Leander Linnen nickt.

»Weißt du was, ich schenk sie dir. So.« Entschieden drückt er dem Mädchen die Mütze in die Hand. »Ich habe sowieso viel zu viel Kram.«

Da muss das Mädchen lachen. Es will die Mütze auf seinen Schopf setzen, doch Leander Linnen hält es davon ab.

»Bitte«, sagt er freundlich. »Erst draußen.«

Kaum ist das Mädchen über die Schwelle getreten, setzt es die Mütze auf. Im gleichen Augenblick geht es los. Dicke weiße Schneeflocken fallen vom Himmel. Das Mädchen traut seinen Augen kaum. Doch es gibt keinen Zweifel: Es schneit! Als es über seine Schulter zurückblickt, sieht es durch die schmutzigen Fensterscheiben das Gesicht des alten Mannes. Er strahlt über beide Wangen.

2. Der kleine Würfel

Klingeling, Klingeling! Die Glöckchen über der Tür von Leander Linnens kleinem Laden verraten, dass er Kundschaft hat. Es ist eine schmale Frau mit Sommersprossen, lila Mantel und – es könnte nicht besser passen – lila geschminkten Lippen. Kaum hat sie den alten Mann hinter dem Tresen entdeckt, läuft sie mit großen Schritten auf ihn zu. Ihre Absätze klappern auf dem Holzboden.

»Sagen Sie, wo finde ich hier denn das Kinderspielzeug?«

Man könnte vielleicht meinen, die Frau sei unhöflich. Doch sie hat die Begrüßung aus einem anderen Grund vergessen. Sie hat wenig Zeit. Genau genommen keine.

»Ich brauche dringend etwas für meinen kleinen Neffen«, erklärt die lila Frau. »Können Sie mir rasch irgendein Spielzeug raussuchen?«

Leander Linnen zögert mit seiner Antwort. Normalerweise ist das in seinem Laden nämlich so: Die Menschen stöbern in aller Ruhe zwischen den Regalen herum, nehmen vielleicht hier oder dort etwas zur Hand, bis schließlich – wenn es so weit ist – die richtige Entscheidung fällt. Leander Linnen weiß: Das lässt sich nicht abkürzen. Auch wenn die Kundschaft noch so in Eile ist.

»Ach, die Spielsachen liegen hier eigentlich überall verteilt herum«, sagt Leander Linnen ausweichend und breitet die Arme aus. »Ich habe keine bestimmte Ordnung.«

Die Frau spitzt ihre lila Lippen.

»Wirklich nicht?«

»Wirklich nicht.«

Leander Linnen deutet in Richtung Schaufenster. Als er weiterspricht, klingt er fast entschuldigend.

»Dort bei den Pappkartons lagern die Bauklötze und das Blechspielzeug. Und hier vorne in dem Korb sind bunte Kreisel, Murmeln in vier Größen, Glitzersteinchen und was-weiß-ich-noch-alles. Dazwischen in den Regalen befinden sich all die anderen Dinge: Modellflugzeuge, Handpuppen, Brettspiele –«

»Oh, bloß kein Brettspiel!«, ruft die Frau entsetzt.

Leander Linnen wirft ihr einen überraschten Blick zu.

»Bei Brettspielen verliert mein Neffe immer!«, beeilt die Frau sich zu erklären. »Genau deshalb brauche ich ja ein Geschenk für ihn. Zum Trost. Weil er an Weihnachten immer gegen seine großen Cousins und Cousinen beim 'Mensch ärgere dich nicht' verliert. Bei jedem anderen Spiel übrigens auch.«

»Oha! Das klingt nach einer ernsten Sache.«

Seufzend wirft die lila Frau einen Blick auf ihre Uhr.

»Dann fange ich wohl besser gleich mal an.«

Mit diesen Worten zieht sie ihren Mantel aus und legt ihn über die Lehne des dunkelgrünen Ohrensessels, der mitten im Laden steht. Entschlossen schiebt sie die Ärmel ihres Wollpullovers hoch.

Leander Linnen, der sich nicht ganz sicher ist, was die Frau unter »anfangen« versteht, beobachtet sie neugierig. Allerdings nur aus dem Augenwinkel – denn er möchte, dass sich seine Kundschaft weitgehend ungestört fühlt.

Da geht es auch schon los: Wie ein Wirbelwind fegt die lila Frau durch den kleinen Laden. Sie hinterlässt keine Unordnung, das nicht, aber sie arbeitet sich durch die Regale wie noch nie jemand zuvor. Ihr Tempo ist enorm. Vor Staunen bleibt Leander Linnen der Mund offen stehen. Auch er muss sich hin und wieder beeilen, weil so viel zu tun ist, vor allem in dieser Jahreszeit. Doch eines steht fest: So schnell wie diese Frau ist er nicht. War er nie. Da kann er auf seine alten Tage noch etwas lernen!

Während die Frau durch den Laden wirbelt, spricht sie mit sich selbst.

»Ein Puzzle mit 100 Teilen? Nein, das ist nicht das Richtige. Ein Dackel aus Plüsch? Auch nicht. Ein Miniatur-Vulkan mit täuschend echter Lava? Auf keinen Fall.«

So geht es immer weiter. Was die Frau auch in die Hand nimmt und begutachtet, nie ist es das Richtige. Von Sekunde zu Sekunde wird sie hektischer. Leander Linnen weiß: So wird das nichts. Also beschließt er, ein klitzekleines bisschen nachzuhelfen.

»Wie heißt Ihr Neffe denn?«, fragt er. In schwierigen Fällen kommt er auf diesem Weg manchmal weiter: die Menschen einfach etwas erzählen lassen, damit sie weniger grübeln.

»Leo«, antwortet die Frau, ohne innezuhalten. In ihren Händen hält sie ein Geduldsspiel aus Holz, das schnell wieder im Regal landet.

KL

»Mit vollem Namen Leopold Benjamin. Aber natürlich nennt ihn kein vernünftiger Mensch so. Sechs Silben sind wirklich übertrieben.«

Leander Linnen nickt nachdenklich.

»Eigentlich sollte ich keinen Liebling haben«, spricht die Frau weiter, die mittlerweile in der letzten Regalreihe angekommen ist. »Aber Ihnen kann ich es verraten: Leo ist mein Lieblingsneffe. Und zwar mit Abstand.« Sie seufzt. »Ich würde mir wünschen, dass der Junge einfach mal gegen die anderen gewinnt. Haushoch! Dann wäre gar kein Trostgeschenk nötig.«

»Aber ist Dabeisein nicht alles?«, fragt Leander Linnen.

Die lila Frau sieht ihn einen Moment nachdenklich an.

»Wahrscheinlich schon«, sagt sie. »Aber immer nur Verlieren ist auch doof. Vor allem mit sieben!« Und das stimmt natürlich.

Nach ihrer Runde quer durch den Laden ist die Frau nun wieder am Tresen angekommen, wo auch die Gläser mit den Süßigkeiten stehen – und der Korb mit den hübschen Kleinigkeiten. Ein hellblau lackierter Kreisel fällt der Frau sofort ins Auge. Einen ganz ähnlichen hat sie als Kind gehabt, ein Geschenk von ihrer Nachbarin. Die Frau kann nicht anders: Sie muss den Kreisel wenigstens einmal ausprobieren. Also nimmt sie ihn zwischen Daumen und Zeigefinger, dreht ihn gekonnt an und schon tanzt der Kreisel auf dem Tresen Pirouetten. Leander Linnen nickt beeindruckt. Doch er kann sich schon denken: Für Leopold Benjamin, der bei Brettspielen einfach kein Glück hat, ist der Kreisel nicht ganz das Richtige. Und die Frau weiß das auch.

Aber da ist ja noch mehr in dem Korb, noch viel mehr.

Zum ersten Mal, seit sie den Laden betreten hat, lässt die Frau sich Zeit. Ein Plastikdinosaurier wackelt über den Tresen, eine marmorierte Glasmurmel kullert hinterher. Und dann hält die Frau auf einmal diesen kleinen, unscheinbaren Würfel in der Hand. Auch der will natürlich getestet werden, landet mit Schwung auf dem Tresen und zeigt nicht weniger als sechs schwarze Augen.

»Hoppla!«

Die Frau würfelt ein zweites, ein drittes und ein viertes Mal. Immer zeigt der Würfel die Sechs. Das ändert sich auch beim fünften Mal nicht.

»Ja, ist das denn die Möglichkeit?«, murmelt die Frau.

Leander Linnen zuckt mit den Schultern. Wenn ihn nicht alles täuscht, haben sie es geschafft. Die Frau hat ihr Geschenk gefunden. Sie weiß es nur noch nicht.

»Wären Sie so freundlich, es auch mal zu probieren?«, bittet die Frau den alten Mann. »Ich muss wissen, ob der Würfel das Kunststück nur bei mir macht.«

»Mit dem größten Vergnügen.«

Leander Linnen nimmt den Würfel in die linke Hand, bedeckt ihn mit der rechten, schüttelt ein wenig, pustet darauf und lässt den Würfel im hohen Bogen über den Tresen kullern. Und wieder: eine Sechs!

Die Frau klatscht vor Freude in die Hände.

»Das ist es!«, ruft sie. »Genau das ist es!«

Und natürlich hat sie recht. Ein persönlicher Glückswürfel. Ein Würfel, den niemand sonst nutzen darf. Das ist das perfekte Geschenk für den Lieblingsneffen, der beim Spielen bislang immer verliert. Manchmal muss man eben doch etwas nachhelfen. Leander Linnen wickelt den Würfel in goldenes Papier und bindet eine üppige rote Schleife darum. Als die Frau den Laden kurz darauf zufrieden verlässt, steckt sie im letzten Moment noch einmal ihren Kopf zur Tür herein. Und das nur, um »Auf Wiedersehen« zu sagen.

3. Die gläserne Kugel

»Hallo, ist hier jemand?«

Leander Linnen hat das Klingeln der Glöckchen über der Ladentür nicht gehört. Auch die Frage des Kunden, der mit seinem Rollstuhl schwungvoll über die Schwelle des Ladens fährt, hört er nicht. Das liegt an dem klappernden Blechspielzeug, das er gerade abstaubt. Genauer gesagt liegt es daran, dass der alte Mann sich nicht beherrschen kann, jede einzelne Mechanik mindestens einmal aufzuziehen. Schließlich muss die in regelmäßigen Abständen überprüft werden. Sonst kann er das Spielzeug doch unmöglich guten Gewissens verkaufen, oder?

Da ist ein Papagei, der mit den bunten Flügeln schlägt. Hier ein Karussell, das sich rasselnd dreht. Und dann ist da natürlich noch der Traktor, der sich zögerlich – aber dafür umso lauter – tuckernd in Gang setzt. Leander Linnens Augen blitzen vor Freude. Er liebt es, wenn um ihn herum alles rattert und klackert.

»Hallo, haben Sie geöffnet?«

Der Kunde, ein junger Mann mit grüner Trainingsjacke und dicker Weste, reckt den Hals – und wird zu seiner Überraschung begrüßt von einem kleinen Schweinchen aus Blech, das gerade um die Ecke wackelt. Dicht gefolgt von Leander Linnen, der nun endlich bemerkt, dass er Kundschaft hat.

»Oh, entschuldigen Sie«, sagt Leander Linnen. »Ich habe Sie gar nicht kommen hören. Sind Sie schon lange da?«

Der Mann mit der Trainingsjacke schüttelt den Kopf.

»Dann bin ich erleichtert.«

»Und ich erst«, sagt der Mann. »Ich hatte schon befürchtet, dass Sie geschlossen haben. Dabei könnte ich Ihre Hilfe gut gebrauchen.«

»Meine Hilfe?«

Gespannt schiebt Leander Linnen das Staubtuch in seine Hosentasche.

»Ja. Ich habe gehört, bei Ihnen gibt es alles!«

»Oh, wirklich, *alles*?«, wiederholt Leander Linnen und errötet leicht. »Alles ist aber ... viel.«

Der Mann grinst.

»Das erzählen sich die Leute jedenfalls. Noch sind Sie allerdings ein echter Geheimtipp!«

»Oh«, macht Leander Linnen und kratzt sich am Bart. Offensichtlich weiß er nicht, was von der ganzen Sache zu halten ist.

»Wie, äh, wie kann ich Ihnen denn helfen?«, fragt er schließlich, um von der einen Sache abzulenken und zur anderen zu kommen. Der Mann mit der Trainingsjacke seufzt.

»Die Sache ist die: Ich suche ein Weihnachtsgeschenk für meinen Freund. Nein, meinen Verlobten!« Jetzt ist er derjenige, der errötet. »Ich vergesse immer, dass wir jetzt verlobt sind. Ist noch ganz frisch.«

Leander Linnen lächelt.

»Oh, na dann herzlichen Glückwunsch!«, sagt er. »Bitte schauen Sie sich in aller Ruhe um.«

Leander Linnen macht eine ausladende Geste in Richtung der Regale. Woraufhin sein Gegenüber nur noch staunen kann. Denn von A wie Atlas und Apparaturen merkwürdigster Art über G wie Goldene Türknäufe bis hin zu Z wie Ziehharmonika gibt es hier wirklich alle möglichen Dinge – sowohl gewöhnliche als auch durch und durch ungewöhnliche.

»Es stimmt also, was die Leute sagen«, murmelt der Mann. »Sie haben alles … ob ich da das gesuchte Nichts finde?«

Leander Linnen, der bis eben noch gelächelt hat, zieht irritiert die Augenbrauen nach oben.

»Ich glaube, ich … ich verstehe nicht. Wie meinen Sie das?«

Der Mann mit der Trainingsjacke winkt ab.

»Ich weiß«, sagt er. »Es ist kompliziert. James – mein Verlobter – wünscht sich Nichts.«

»Nichts?«

»Nichts.«

Der junge Mann seufzt. »Genau das hat er gesagt. Ausdrücklich. Und nun hetze ich schon den ganzen Vormittag durch die Stadt auf der Suche nach Nichts. Doch das ist einfach nicht zu finden!«

Leander Linnen ist jetzt ganz Ohr. So eine Herausforderung ist absolut nach seinem Geschmack. Gleichzeitig weiß er, dass er sich eigentlich nicht einmischen sollte ...

»Na, wie gesagt«, wiederholt er deshalb nur. »Nehmen Sie sich alle Zeit der Welt. Und wenn Sie eine Frage haben, melden Sie sich gern.«

Mit diesen Worten wendet er sich wieder dem Blechspielzeug zu. Der Mann mit der grünen Trainingsjacke fährt unterdessen langsam zwischen den Regalen hindurch. Es gibt so einiges, das ihm gefällt. Und das sicher auch James gefallen würde. Etwa die mit dunkelblauem Samt ausgeschlagene Holzschatulle, die silberne Gürtelschnalle oder die kunstvoll verzierten Sektgläser ...

Doch das alles ist nichts. Genauer gesagt nicht Nichts.

Nachdem er zwei Runden gedreht hat, ist der Mann ziemlich hoffnungslos. Gedankenverloren bleibt er vor dem Weihnachtsbaum aus Plastik stehen, den Leander Linnen liebevoll mit einer funkelnden Lichterkette und allerlei Schmuck dekoriert hat. Strohsterne hängen neben goldenen Tannenzapfen und gestreiften Zuckerstangen, außerdem sind da bestimmt ein Dutzend rote Kugeln.

Das sieht so wunderschön aus, dass der Mann für einen Moment alles andere vergisst. Als er sich dem Baum noch weiter nähert, ein kleines Stück nur, verliert er sich beinahe in dem Lichterglanz. Und in genau dem Moment entdeckt er die Kugel.

Es ist eine einfache Glaskugel, mit einem dünnen Faden am Zweig befestigt und leicht zu übersehen. Denn die Kugel ist weder bemalt noch gefüllt. Da ist kein Lack, kein Glitzer, kein Kunstschnee, nichts. Daher hat der Mann zuerst durch sie hindurchgeschaut. Auf den zweiten Blick erkennt er sich selbst in der Kugel, sein Spiegelbild – er lächelt sich zu. Und dann sieht er auch schon James, sieht ihr erstes gemeinsames Weihnachtsfest, eine gelungene Mischung verschiedener Traditionen, sieht ihre gemeinsame Zukunft, eine Familie!

Mit einem Mal überkommt den jungen Mann die Gewissheit. Die Kugel muss es sein. So leicht, so filigran, ein Hauch von Nichts. Und gleichzeitig ein Hauch von allem. Die macht sich an dem Baum, den James schon vor Tagen in ihre Wohnung bugsiert hat, sicherlich gut.

Der Mann pflückt die Kugel ab und bringt sie zum Tresen, hinter dem Leander Linnen wieder seinen Platz bezogen hat. Der alte Mann hat auch schon eine hübsche Pappschachtel bereitgestellt. Vorsichtig legt er die Kugel hinein.

Als sein Kunde kurz darauf bezahlt, muss Leander Linnen schmunzeln.

»Eigentlich dürfte ich ja kein Geld von Ihnen nehmen«, sagt er. »Wo Sie hier doch nichts gefunden haben!«

4. Die glänzende Keksdose

Leander Linnen beschließt, dass es Zeit für einen Tee ist. Er hat es sich mit seinem geblümten Lieblingstässchen gerade auf dem Ohrensessel gemütlich gemacht, als sich die Glöckchen über der Tür melden. Ein rundlicher Junge mit Baseballkappe betritt den Laden und macht den Eindruck, als würde er am liebsten sofort wieder davonlaufen.

»Guten Tag«, sagt Leander Linnen. »Kann ich dir behilflich sein?«

Der Junge zuckt mit den Schultern, den Blick auf seine Turnschuhe gerichtet. Er ist wirklich schüchtern. Und er war noch nie in so einem Laden, in dem bestimmt alles ganz teuer ist. Doch praktischerweise kennt Leander Linnen sich mit Schüchternheit aus. Er schlürft seinen Tee und erzählt ein bisschen von sich selbst. Bis der Junge sich schließlich einen Ruck gibt und verrät, dass er ein Weihnachtsgeschenk für seine Eltern sucht.

»Ich hab im Schaufenster gesehen, dass es hier jede Menge alten Kram gibt«, sagt er. »Und weil meine Eltern auch alt sind, dachte ich, vielleicht finde ich hier ja was.«

»Dann schau dich in Ruhe um«, sagt Leander Linnen lächelnd. »Und falls du einen geringelten Schal entdeckst, sag bitte Bescheid. Der ist allerdings unverkäuflich.«

Da ist der Junge auch schon hinter den Regalen verschwunden. Leander Linnen widmet sich wieder seinem Tee. Er nimmt gerade den letzten Schluck, als der Junge nach ihm ruft.

Zuerst denkt Leander Linnen, er habe tatsächlich seinen Schal aufgestöbert – das wäre großartig. Aber Fehlanzeige. Es ist eine fein verzierte Plätzchendose, die das Interesse des Jungen geweckt hat. Wenn er sie schüttelt, klappert es vielversprechend.

»Darf ich da reingucken?«

Leander Linnen nickt. Es wäre doch kein Trödelladen, wenn die Kundschaft nicht alles ganz genau in Augenschein nehmen dürfte. Aber die Dose klemmt. Der Junge nimmt erst eine Hand, dann beide – ohne Erfolg. Er presst die Lippen aufeinander und versucht es noch einmal. Vor lauter Anstrengung bekommt er rote Wangen. Doch der Deckel rührt sich nicht einen Millimeter. Wie kann das sein? In seiner Klasse ist er doch einer der stärksten! Eine Weile schaut Leander Linnen dem Jungen einfach nur zu. Schließlich schüttelt er den Kopf. »Ich glaube, das ist nicht die richtige Dose. Komm mal mit!«

Er führt den Jungen zu dem Schuhschrank im vorderen Teil des Ladens. Als er die Schranktür öffnet, staunt der Junge nicht schlecht: Denn darin lagern keine Schuhe – nicht ein einziges Paar –, sondern Keksdosen, runde und eckige, in allen Farben und Größen. Leander Linnen lässt den Jungen allein vor dem Schrank zurück. Er wird hier schon das Passende finden. Das hat bislang noch jeder. Manchmal braucht es einfach ein bisschen Zeit. Der Junge kniet sich vor den Schrank und nimmt die oberste Dose heraus. Sie ist oval, glänzt silbern und ist von oben bis unten mit Sternen dekoriert. Doch auch diese Dose lässt sich nicht öffnen. Frustriert nimmt der Junge die nächste heraus: eine rechteckige diesmal, mit eingedrücktem Deckel – der sich ebenso wenig abnehmen lässt. Dose um Dose muss der Junge zurückstellen. Immer unglücklicher sieht er aus. Er weiß gar nicht, was los ist. Hätte er diesen dummen Laden doch nie betreten! Am besten, er geht wieder – sofort! Der Junge schließt die Schranktür eine Spur zu heftig, dabei löst sich ein Scharnier. Eine kleine Schraube kullert unter den Schrank.

»Oh«, macht der Junge sichtlich betroffen. »Tut mir leid. Ich – ich repariere das wieder.«

Leander Linnen winkt ab.

»Mach dir keine Sorgen. Hier fällt hin und wieder mal was auseinander.«

Aber der Junge ist wild entschlossen, es wiedergutzumachen: Er will die Schraube zurück in das Scharnier drehen. Also tastet er unter dem Schrank nach dem kleinen Ding. Da, endlich berühren seine Fingerspitzen etwas. Doch die Schraube ist es nicht.

Der Junge zieht eine weitere Keksdose hervor – und hat sie schon geöffnet. Ganz einfach ging das dieses Mal. In der dunkelgrünen Dose mit dem hübschen silbernen Ornament ist nichts, sie könnte nicht leerer sein, und trotzdem strahlt der Junge.

»Ich weiß jetzt, was ich meinen Eltern schenke«, verkündet er. »Selbst gebackene Plätzchen.«

Leander Linnen findet die Idee hervorragend.

»Und welche werden es?«, fragt er neugierig. »Zimtsterne? Mandelhörnchen? Ich für meinen Teil werde schwach bei Anisplätzchen.«

Der Junge schüttelt den Kopf.

»Die Plätzchen, die mein Opa immer gemacht hat.« Im gleichen Moment verschwindet das Strahlen schon wieder aus seinem Gesicht. Denn ihm ist gerade eingefallen, dass er weder weiß, wie die Plätzchen heißen – noch das Rezept kennt. Niedergeschlagen setzt der Junge den Deckel auf die Dose. Das war wohl nichts!

Aber so schnell lässt Leander Linnen niemanden aufgeben.

»Was hältst du davon, die Dose noch einmal zu öffnen?«, schlägt er vor. »Am besten mit geschlossenen Augen.«

Der Junge wirft ihm einen irritierten Blick zu. Die Dose öffnen? Und dann auch noch mit geschlossenen Augen? Er weiß wirklich nicht, was das bringen soll. Der alte Mann nickt ihm aufmunternd zu. Dabei wackelt er so lustig mit den buschigen Augenbrauen, dass der Junge kichern muss und schließlich tatsächlich die Augen zumacht. Dann nimmt er den Deckel von der Dose.

»Und jetzt schnupper mal.«

»Wie, was soll ich?«

Der Junge hat die Augen schon wieder geöffnet. Er ist ja nicht bescheuert.

»Na, schnuppern!«, ruft Leander Linnen. »Aber bitte mit –«

»– geschlossenen Augen, ich weiß schon.«

Zögerlich macht der Junge die Augen zu. Aber erst, als ihm dieser süße Duft – eigentlich nicht mehr als ein Hauch – in die Nase zieht, beginnt er wirklich zu schnuppern. Keine Sekunde später reißt er seine Augen auf.

»Das riecht nach Opas Plätzchen!«

Ungläubig blickt der Junge in die Dose. Die ist immer noch leer. Auf der Suche nach irgendwelchen Spuren, Krümelchen vielleicht, dreht der Junge sie auf den Kopf. Aber da ist nichts.

»Wie ... wie kann das sein?«

Leander Linnen zuckt nur mit den Schultern.

»Was genau riechst du denn?«, fragt er. »Kannst du es beschreiben?«

Der Junge schließt die Augen erneut. Mit hochkonzentriertem Gesicht führt er die Dose nah an sein Gesicht, direkt unter seine Nase.

»Butter«, sagt er. »Schaumig geschlagene Butter. Wahrscheinlich ... ein ganzes Päckchen?«

»Und was noch?«

»Zucker! Ich rieche 80 ... nein ... 100 Gramm Zucker. Mindestens! Und Mehl, genau 300 Gramm! Außerdem eine Prise Salz und ein Ei, mittlere Größe.«

»Ist das alles?«, fragt Leander Linnen.

Der Junge schüttelt den Kopf.

»Nein«, sagt er aufgeregt. »Nein, da ist noch etwas!« Er schnuppert so konzentriert, dass seine Nasenflügel zittern. »Da ist noch irgendwas, das die Plätzchen so besonders macht. Opas Geheimzutat ... Zimt! Ja, genau, eine Messerspitze Zimt und ... Vanille!«

Der Junge schlägt die Augen wieder auf.

»Kann ich die Dose bitte kaufen?«, fragt er und kramt schon in seiner Hosentasche nach Münzen. »Was kostet die?«

Leander Linnen kratzt sich am Bart und denkt nach. Bis er endlich eine ganz wunderbare Idee hat. Er dreht die Dose um und tut so, als lese er ein Preisschild. »Die Dose kostet ... zweieinhalb Plätzchen«, sagt er. »Einverstanden?« Der Junge lacht. Er wird dem alten Mann drei ganze Plätzchen bringen, mindestens.

5. Der blinde Spiegel

An Pause ist heute wirklich nicht zu denken! Kaum hat der eine Kunde seinen kleinen Laden verlassen, steht schon die nächste Kundin in der Tür: ein Mädchen mit langen Zöpfen und missmutigem Gesichtsausdruck. Es trägt einen blauen Mantel mit glänzenden silbernen Knöpfen.

»Entschuldigen Sie bitte«, sagt das Mädchen. »Mein Papa schickt mich. Ich soll fragen, ob Ihnen der zerbeulte Lieferwagen da draußen gehört. Jemand hat uns eingeparkt.«

»Leider nein«, sagt Leander Linnen, woraufhin das Mädchen gleichgültig mit den Schultern zuckt.

»Dann komm ich wohl zu spät zum Ballett.«

Bevor Leander Linnen etwas erwidern kann, betritt der Vater des Mädchens den Laden.

»Der Lieferwagen gehört ihm nicht«, informiert ihn seine Tochter.

»Der Lieferwagen nicht«, sagt Leander Linnen. »Und auch kein anderes Auto.«

»Oh!« Die Augen des Mannes leuchten auf. »Sie haben kein Auto? Brauchen Sie eines?« Ohne Leander Linnen die Gelegenheit zum Antworten zu geben, zückt er eine Visitenkarte. *Autohandel*

Heinrich Huber steht in roten Buchstaben darauf, samt Internetadresse und Telefonnummer.

»Das bin ich persönlich«, sagt er und deutet auf den Namen. »Heinrich Huber.«

»Sehr erfreut. Leander Linnen.«

Herr Huber mustert den alten Mann einen Moment, dann leiert er herunter: »Ich hätte genau das Richtige für Sie! Einen unkomplizierten Kombi, nachtblau, hat nur 12 000 Kilometer runter. Mit Allradantrieb und Sitzheizung.«

»Sitzheizung«, wiederholt Leander Linnen angetan. Wie oft hat er sich auf seinen Reisen schon einen warmen Hintern gewünscht. Allradantrieb klingt auch praktisch. Das Problem ist nur: Er hat nicht mal einen Führerschein. Und das sagt er Herrn Huber auch.

Ruckzuck hat der das Visitenkärtchen wieder eingesteckt.

Einen Augenblick lang sieht Herr Huber regelrecht enttäuscht aus, weshalb Leander Linnen verspricht, sich zu melden, sobald sich was ändert und er vielleicht doch noch den Führerschein macht.

»Hand drauf?«, fragt Herr Huber prompt und hat sich Leander Linnens Rechte auch schon geschnappt, um sie ordentlich durchzuschütteln.

Der alte Mann verzieht den Mund: Das ist mal ein kräftiger Händedruck.

»Und was verkaufen Sie so?«, will Herr Huber schließlich wissen.

Leander Linnen weiß nicht recht, was er auf die Frage antworten soll.

»Dies und das«, murmelt er. »Und manchmal auch jenes.«

»Jenes?«, wiederholt Herr Huber.

Leander Linnen nickt.

»Davon besonders viel. Und dann gibt es natürlich auch noch die Dinge, die ich verschenke.«

»Habe ich richtig gehört?«, fragt Herr Huber fassungslos. »Sie verschenken Dinge?«

»Papa«, ruft in genau dem Moment seine Tochter. »Papa, guck mal!«

»Einen Moment noch, Lucy«, gibt der Vater zurück. »Ich unterhalte mich gerade.«

Das Mädchen hat die Zeit genutzt, um sich im Laden umzusehen. Jetzt steht es vor dem Spiegel gleich neben der Garderobe. Er ist oval, in schlichtes Messing eingefasst – und stellenweise blind. Wegen der vielen Flecken kann das Mädchen kaum sein eigenes Spiegelbild erkennen. Doch das stört Lucy nicht – im Gegenteil. Sie sieht noch genug und was sie sieht, verschlägt ihr die Sprache. Denn ihr Spiegelbild trägt keinen Mantel mit glänzenden Knöpfen. Ihr Spiegelbild trägt ein hellblaues Trikot. Und unter dem Arm klemmt ein Basketball. Als Lucy näher an den Spiegel herantritt, zwinkert ihr Spiegelbild verschwörerisch. Selbstbewusst sieht sie aus und verdammt zufrieden. Lucy muss daran denken, wie sie ihre Eltern gefragt hat, ob sie in der Basketball-AG mitmachen darf. Und wie die meinten, sie solle sich lieber einen Sport aussuchen, der besser zu ihr passe. Was immer das überhaupt heißen soll! Fest steht nur: So ist sie im Ballett gelandet. Leider.

Die Spiegel-Lucy hat das Interesse verloren. Sie hat angefangen, den Ball zu dribbeln.

So flitzt sie zu einem Korb, der nur in der Spiegelwelt hängt, holt zum Wurf aus und – Volltreffer! Die Spiegel-Lucy grinst die echte Lucy an.

Auf einmal spürt Lucy eine große Sehnsucht in sich aufsteigen. Am liebsten würde sie jetzt gleich in den Spiegel steigen, sich den Ball schnappen und selbst loslegen. Eine Hand, die sich auf ihre Schulter legt, reißt Lucy aus ihren Gedanken.

»Was wolltest du denn, Schatz?«

»Papa«, flüstert Lucy und nickt Richtung Spiegel. »Papa, siehst du das auch?«

Doch das tut er nicht.

»Der müsste wohl mal wieder geputzt werden«, murmelt Herr Huber nur. »Komm bitte, wir müssen irgendwie versuchen, hier wegzukommen. Vielleicht nehmen wir ein Taxi! Dein Unterricht fängt gleich an!«

Lucy wirft ihrem Spiegelbild Hilfe suchend einen Blick zu. Doch die Spiegel-Lucy zuckt nur mit den Schultern und wirft noch einen Korb. Also muss sie das allein regeln.

»Papa«, sagt Lucy. »Ballett ist nichts für mich.«

»Willst du doch Jazzdance machen?«

»Nein!« Lucy schüttelt den Kopf. »Ich will gar nicht tanzen! Ich will Basketball spielen.«

Herr Huber atmet hörbar aus.

ZU

»Aber das hatten wir doch schon«, sagt er. »Für Basketball bist du viel zu klein.«

»Stimmt nicht«, sagt Lucy. Jetzt weiß sie, dass es nicht stimmt. Sie hat ja gesehen, wie sie Körbe wirft.

»Weißt du was, das besprechen wir heute Abend mit Mama.«

»Aber warum denn mit Mama?«, fragt Lucy. »Ich bin doch diejenige, die es machen muss!«

Seufzend blickt Herr Huber zum Sessel. Vielleicht weiß der alte Mann ja Rat? Er wirkt irgendwie so weise. Doch Leander Linnen sitzt dort nicht mehr. Er ist aufgestanden und zum Tresen gegangen.

»Soll ich ihn einpacken?«, fragt er.

»Wie bitte, was?«

»Den Spiegel«, sagt der alte Mann. »Soll ich ihn einpacken?«

Heinrich Huber versteht immer noch nicht.

»Aber ich will das alte Ding nicht!«

»Ich spreche ja auch nicht mit Ihnen, sondern mit Ihrer Tochter«, sagt Leander Linnen freundlich.

»Ja.« Lucy nickt entschlossen. »Bitte einpacken.«

Jetzt wird es Heinrich Huber langsam zu bunt.

»Sag mal, hast du überhaupt Geld? Ich kauf den Spiegel garantiert nicht.«

»Praktischerweise ist das gute Stück auch nicht zu verkaufen«, sagt Leander Linnen verschmitzt. »Sondern nur zu verschenken.«

Lucy grinst. In dem Moment sieht sie der Spiegel-Lucy unwahrscheinlich ähnlich. Und sie weiß: Vielleicht muss sie noch ein bisschen diskutieren. Aber bald schon wird sie ihre ersten Körbe werfen.

6. Das alte Telefon

Leander Linnen hat viele Stärken: Landkarten lesen zum Beispiel. Oder Schlitten fahren und Kartoffelsuppe kochen. Nur Aufräumen gehört definitiv nicht dazu. Wahrscheinlich sucht er deshalb auch ständig irgendetwas – so wie seinen geliebten Ringelschal. Für die Kartoffelsuppe hat Leander Linnen übrigens ein richtiges Geheimrezept. Und genau das wird er nun hervorholen, um sich ein kleines Mittagessen zuzubereiten – mit viel Sahne und frisch gemahlenem Pfeffer. Dafür macht er sich auf in das Hinterzimmer mit der Küchenzeile. Leander Linnen zieht sich seine rosa karierte Schürze an und beginnt, in aller Ruhe Kartoffeln zu schälen. Er hat sie gerade ins Wasser gegeben, da melden sich die silbernen Glöckchen über der Ladentür: Klingeling, Klingeling! Kundschaft. Ausgerechnet jetzt. Wer hätte das gedacht? Leander Linnen wischt sich die Hände an der Schürze ab und geht nach vorne zum Tresen. Der Mann, der davorsteht, trägt einen einen blauen Anzug, eine rote Krawatte und eine Glatze. Mehr ist von ihm nicht zu sehen. Denn er blickt nicht zu Leander Linnen, er blickt auf sein Handy.

»Suchen Sie etwas Bestimmtes?«, fragt Leander Linnen freundlich.

Der Mann antwortet, ohne aufzusehen.

»Ich möchte verreisen. Über Weihnachten wäre ich gerne so weit weg wie möglich. Gibt's noch Pauschalreisen nach ... Australien?«

»Australien«, wiederholt Leander Linnen und schließt für einen Moment die Augen. »In Australien bin ich mal liegen geblieben. Natürlich mitten in der Nacht. Bei Sturm. Ich erinnere mich nicht mehr, war's Donner oder Blitz –« Er bricht ab, denn er hört, wie im Hinterzimmer das Wasser mit den Kartoffeln sprudelnd überkocht. Er entschuldigt sich, eilt zur Küchenzeile, nimmt den Topf für einen Moment von der Platte und stellt den Herd ein wenig herunter. Als Leander Linnen wieder hinter seinen Tresen tritt, sieht der Kunde ihn verwundert an. Sein Handy hat er weggesteckt. In der einen Hand hält er eine geblümte Vase mit Sprung, in der anderen eine klapprige Teekanne. Er hat nun endlich gemerkt, wo er ist. Beziehungsweise, wo er nicht ist.

»Ich bin nicht im Reisebüro?«, fragt der Mann missmutig.

Leander Linnen lächelt.

»Das Reisebüro ist nebenan! Aber vielleicht gibt es hier ja auch was für Sie?«

Der Mann stellt Vase und Teekanne neben den Adventskranz auf den Tresen.

»Das bezweifle ich sehr.«

Leander Linnen sagt nichts – wie oft hat er das schon gehört –, er wackelt nur vergnügt mit den buschigen Augenbrauen. Widerwillig beginnt der Mann nun doch, sich im Laden umzusehen. Da entdeckt er im Regal hinter sich das alte Telefon: hellblau, komplett mit Schnur und Wählscheibe. Mit leuchtenden Augen ruft er:

LICHT
TELEFONBUCH A-Z

»Dass es so etwas überhaupt noch gibt! Genau das hatten wir früher auch!«

Zwei große Schritte und er steht vorm Regal, streicht mit zwei Fingern den Staub vom Hörer. In genau dem Moment geschieht es: Das Telefon klingelt! Aber das ist doch unmöglich. Es ist doch gar nicht angeschlossen, der Stecker baumelt in der Luft. Der Mann blickt erschrocken zu Leander Linnen. Doch der ist schon wieder im Hinterzimmer verschwunden, um sich um seine Suppe zu kümmern.

Da klingelt es erneut. Der Mann sieht über seine Schulter. Kann es sein, dass ihm jemand einen Streich spielt? Aber da ist niemand.

Als es ein drittes Mal klingelt, holt der Mann tief Luft – und hebt ab. Er führt den Hörer an sein Ohr.

»Ja, bitte?«

Er flüstert beinahe. Am anderen Ende der Leitung ist niemand. Zumindest niemand, der spricht. Und trotzdem ist etwas zu hören. Ganz leise nur. Ein Lied, unterbrochen von fernem Rauschen. Ist das *Schneeflöckchen, Weißröckchen*? Nein. Der Mann lauscht konzentriert. Das Lied kommt ihm irgendwie bekannt vor. *O Tannenbaum*? Auch nicht. Er sieht zur Ladentür, zu den silbernen Glöckchen, und da fällt es ihm ein. Natürlich! *Kling, Glöckchen, Klingelingeling*.

»Das habe ich mit meiner Schwester immer gesungen!«, ruft er. »Zweistimmig!«

Leander Linnen, der gerade durch den Verkaufsraum spaziert, um den leeren Kartoffelsack zu den Mülltonnen vor dem Haus zu bringen, nickt freundlich. »Jedes Lied ist zweistimmig schöner. Sogar *Alle meine Entchen*.«

Eilig, als wäre er bei irgendetwas ertappt worden, legt der Mann den Telefonhörer zurück auf die Gabel. Er zückt sein Handy, nur um es ratlos wieder zurück in die Tasche zu schieben.

»Wohnt Ihre Schwester in Australien?«, fragt Leander Linnen und hängt den Kartoffelsack an die Garderobe. Dort ist er nicht zu übersehen; Leander Linnen wird ihn später rausbringen.

Der Mann sieht ihn verständnislos an.

»Ich meine, weil Sie über die Feiertage dorthin wollen?«

Unwirsch schüttelt der Mann den Kopf.

»Ich würde auch nach Neuseeland reisen. Oder an die Ostsee. Hauptsache, weg. Will mit der Feierei nichts zu tun haben ... wobei –«

Einen Moment ist Stille, dann beginnt der Mann auf einmal zu lächeln. Und dann will er wissen, ob das Telefon noch zu haben ist – rein theoretisch.

Leander Linnen nickt.

»Rein theoretisch ebenso wie rein praktisch.«

Das freut den Mann sichtlich. Er grinst über beide Wangen.

»Großartig! Das ist ganz großartig! Wissen Sie, mir ist da gerade eine Idee gekommen. Meine Schwester sagt immer, dass sie dringend ein neues Telefon braucht. Natürlich meint sie eigentlich ein

Handy. Ihres ist nämlich total veraltet. Jetzt habe ich überlegt, dass ich ihr zu Weihnachten ein noch älteres Telefon schenke: das Modell, das wir als Kinder zu Hause hatten. Wäre das nicht lustig? Früher haben wir uns immer lustige Geschenke gemacht.«

»Es wäre sogar sehr lustig«, gibt ihm Leander Linnen recht.

»Dann ist der Apparat hiermit gekauft! Stimmt so!«

Entschlossen legt der Mann einen Schein auf den Tresen. Während Leander Linnen noch mit der Kasse beschäftigt ist, hat sein Kunde das Telefon schon aus dem Regal genommen. Er will keine Tüte und er winkt auch ab, als Leander Linnen ihm sagt, dass er gleich rechts das Reisebüro findet. Nur für den Fall der Fälle.

»Was soll ich denn im Reisebüro?«, fragt der Mann, schon halb auf der Straße. »Dieses Weihnachten bleib ich hier. Ich besuche meine Schwester und ihre Familie. Dann wird gesungen. Hab ich viel zu lange nicht gemacht. Und viel schöner als allein am Strand ist es auch. Palmen hin oder her.«

Leander Linnen blickt seinem Kunden hinterher. Beschwingt läuft dieser davon, in seiner Hand das Telefon, die Schnur schlängelt über den Bordstein. Kurz glaubt Leander Linnen, dass es noch einmal klingelt. Aber es ist nur sein Küchenwecker. Die Kartoffeln sind fertig. Höchste Zeit! Sein Magen knurrt.

7. Der braune Sack

Leander Linnen traut seinen Augen kaum. Dort, in seinem Laden, steht der Weihnachtsmann. Es gibt keinen Zweifel: Der Mantel ist rot, die Mütze ist rot und der weiße Bart hat den idealen Rauschegrad. Aber ... wie ist das möglich? Ob der alte Mann träumt? Ja, das muss es sein. Vielleicht hätte er mal wieder ausschlafen sollen. Zum Test zwickt sich Leander Linnen beherzt in die Nase. Au! Das hat wehgetan. Aber der Weihnachtsmann ist immer noch da. Er steht dort zwischen der Nähmaschine und der Stehlampe mit dem gelben Schirm. Es ist ein durch und durch unwirklicher Moment. Bis der Weihnachtsmann seinen Bart nach unten schiebt. Ja, wirklich, er schiebt das Prachtstück einfach so unter sein Kinn! Darunter kommt ein überraschend junges Gesicht zum Vorschein.

Leander Linnen ist erleichtert. So einer ist es also! Einer von denen, die nur so tun als ob. Ein Schauspieler! Wieso ist er nicht früher darauf gekommen? Na, weil er völlig überarbeitet ist, deshalb. Und der Mann ihm gegenüber sieht auch nicht viel fitter aus.

»Gerade viel zu tun, was?«, fragt Leander Linnen mitfühlend.

Der falsche Weihnachtsmann lacht kurz auf.

»Und wie«, sagt er. »Na, mir soll's recht sein. Und die meisten Kinder sind ja auch wirklich sehr nett. Nur die Eltern machen manchmal Schwierigkeiten.«

»Ach wirklich?«, fragt Leander Linnen. Aus beruflichen Gründen interessiert ihn das sehr.

Der falsche Weihnachtsmann seufzt.

»Wollen ein Foto nach dem anderen. Sagen den Kindern und mir, wie wir gucken sollen, was wir machen sollen.« Mit verstellter Stimme spricht er weiter: »Emmi, jetzt tu mal so, als würdest du am Bart ziehen! Fritz, gib dem Weihnachtsmann ein Küsschen! Und jetzt herschauen, alle beide. Lieber Weihnachtsmann, bitte etwas freundlicher!« Er schüttelt den Kopf. »So geht das stundenlang. Und manche machen sogar Videos.«

Leander Linnen schmunzelt.

»Früher waren die Erwachsenen besser erzogen«, sagt er.

»Früher gab es keine Handys«, sagt der falsche Weihnachtsmann.

Genau in dem Moment klingelt es. Drrr, drrr.

Der falsche Weihnachtsmann errötet.

»Ähm, das bin ich«, murmelt er.

Er fasst in seinen linken Stiefel und zieht ein Handy heraus. Mit zusammengezogenen Augenbrauen schaut er auf das Display, drückt darauf herum und schiebt das Handy schließlich zurück an seinen Platz.

»War die Erinnerungsfunktion«, erklärt er. »In zehn Minuten muss ich beim nächsten Kunden sein … Es gibt nur ein Problem. Und genau deshalb bin ich hier.«

Der falsche Weihnachtsmann geht rückwärts zur Ladentür, drückt sie auf, greift durch den Spalt und zieht einen großen braunen Sack in den Laden. Leander Linnen erkennt das Problem sofort. Der Sack hat einen mächtigen Riss.

»Oha«, macht er. »Defektes Arbeitsmaterial.«

Der falsche Weihnachtsmann nickt.

»Bin zwischen den U-Bahn-Türen stecken geblieben.«

Leander Linnen macht große Augen.

»Der Weihnachtsmann fährt U-Bahn?«

»Der Schlitten hat leider einen Platten«, gibt sein Gegenüber zurück.

Die Antwort gefällt Leander Linnen. Sie gefällt ihm sehr.

»Ich bin für eine Werbeaktion gebucht«, erklärt der falsche Weihnachtsmann nun. »Ich soll in einem Schuhgeschäft Schokolade und Schnürsenkel verteilen. Aber mit dem Sack verlier ich das Zeug doch überall!«

Leander Linnen nickt. Mit solchen Widrigkeiten kennt er sich aus. Er könnte da Geschichten erzählen! Doch dafür ist jetzt keine Zeit. Sein Blick fällt auf die Nähmaschine, damit müsste das Problem eigentlich ruckzuck gelöst sein. Wenn das Ding funktionieren würde. Aber die Reparatur hat Leander Linnen leider in den Frühling verschoben.

»Sie haben nicht zufällig irgendeine Tasche oder Tüte für mich?«, fragt der falsche Weihnachtsmann.

Doch, natürlich hat Leander Linnen Taschen und Tüten. Jede Menge sogar. An der Garderobe hängt eine alte Schultasche aus Leder, komplett mit Schiefertafel und Schwämmchen. Dann wäre da noch die pinke Strandtasche. Oder der Jutebeutel mit der Ananas vorne drauf. Doch das kommt alles nicht infrage. Denn keine der Taschen ist besonders weihnachtlich. Keine einzige sieht auch nur annähernd so aus, als könne sie dem echten Weihnachtsmann gehören.

Drrr, drrr, meldet sich das Handy schon wieder.

»Jetzt sind es noch fünf Minuten«, murmelt der falsche Weihnachtsmann, ohne einen Blick auf das Handy zu werfen. »Und in sechs bin ich dann meinen Job los.«

Niedergeschlagen lässt er sich auf den Ohrensessel sinken. Doch so leicht gibt Leander Linnen nicht auf. Da hat er schon ganz andere Herausforderungen gemeistert. Was könnte ihnen jetzt helfen? Klebstoff? Sicherheitsnadeln? Während er nachdenkt, lässt der Mann seinen Blick durch den Laden schweifen – und bleibt an der Garderobe hängen.

»Was ist denn das Braune dahinten?«, fragt er. Leander Linnen folgt seinem Blick.

»Oh, das ist der Kartoffelsack«, sagt Leander Linnen. »Den wollte ich eigentlich noch rausbringen –« Er bricht ab. Moment ... hat er gerade Sack gesagt?

Die beiden Männer wechseln einen Blick. Es ist klar, dass sie genau das Gleiche denken. Schnell hat der falsche Weihnachtsmann den Sack ausgebreitet; er begutachtet ihn von allen Seiten. Der sieht eindeutig weihnachtlich aus. Der grobe braune Stoff hat auch keinen Riss – aber es gibt ein Problem: Der Sack ist viel zu klein. Seufzend

lässt der falsche Weihnachtsmann von dem Sack ab: »Das kann ich vergessen. Da krieg ich kaum was unter!«

Doch Leander Linnen grinst nur.

»Wollen wir doch mal sehen ...«

Ohne ein weiteres Wort macht er sich an die Arbeit. Bald bekommt er Unterstützung: Leander Linnen hält den Kartoffelsack auf und sein Gegenüber befüllt ihn. Mit beiden Händen schöpft der falsche Weihnachtsmann bunte Schokoladentaler und Schnürsenkel von einem Sack in den anderen. So wird der eine Sack voller und voller und der andere leerer und leerer – und noch leerer. Bis schließlich nur noch ein einziger goldener Taler ganz unten auf dem Boden liegt. Aber ... wie kann das sein? Ungläubig blickt der falsche Weihnachtsmann von dem leeren Sack zum vollen und wieder zurück. »Aber ... aber kann doch ...« Er kratzt sich am Kopf. »Ich meine, wie passt das alles plötzlich da rein, in den kleinen Sack?«

Leander Linnen ist nicht überrascht, nicht im Geringsten. Aber auch er ist ein guter Schauspieler. Deshalb macht er große Augen und wackelt ratlos mit dem Kopf.

Der falsche Weihnachtsmann beschließt, es dabei zu belassen. Er hat sowieso keine Wahl. Er hat einen Job zu erledigen. Wortlos drückt er Leander Linnen den letzten Schokotaler in die Hand. Dann schultert er den Kartoffelsack, rückt den Rauschebart an die richtige Stelle und macht sich auf den Weg ins Schuhgeschäft. Leander Linnen stellt sich ans Fenster, um dem falschen Weihnachtsmann hinterherzuschauen. Er pult die Schokolade aus der Folie und legt sich den Taler auf die Zunge. Dann schließt er genießerisch die Augen.

8. Der kaputte Wecker

Nanu, was ist denn das? Ein kleiner braun gefleckter Hund stürmt in Leander Linnens Trödelladen. Der Hund ist nicht allein, wie die meisten Vierbeiner hat auch er einen Menschen bei sich. Es ist ein Junge, vielleicht sechs oder sieben Jahre alt. Auf seiner Nase sitzt eine runde Brille, die – kaum ist er über die Schwelle gezogen worden – sofort beschlägt, sodass er nichts mehr sehen kann.

»Langsam, Lilli«, murmelt der Junge und versucht, mit dem Ärmel seiner Jacke über die Brillengläser zu wischen. Das funktioniert nur mittelgut. Das Ganze wird dadurch erschwert, dass das Hündchen – Lilli – nicht besonders gut hört. Die Schnauze am Boden, beginnt sie eifrig zu schnüffeln. Offenbar hat sie eine vielversprechende Spur aufgenommen, mit einem entschlossenen Ruck zieht sie den Jungen weiter. Damit hat der jedoch nicht gerechnet, er stolpert, strauchelt – und findet im letzten Moment Halt an der Garderobe. Die Leine hat er allerdings losgelassen. Lilli nutzt die Gelegenheit sofort und verschwindet schwanzwedelnd zwischen den Regalen.

»Ups«, macht der Junge. Er wirft dem alten Mann einen verdatterten Blick zu. »Tut mir leid. Ich ... äh, ich weiß gar nicht, was mit ihr los ist. Eigentlich macht Lilli immer, was ich sage.«

Leander Linnen zuckt mit den Schultern.

»Ich nehme an, dein Hund hat die Tiere gerochen.«

»Oh. Sie haben auch Tiere?«

»Immer gehabt«, sagt der alte Mann stolz.

Jetzt ist die Neugier des Jungen geweckt. Seine Augen leuchten.

»Hunde?«, fragt er.

Leander Linnen schüttelt den Kopf.

»Katzen?«

Wieder Kopfschütteln.

»Kaninchen?«

Nein.

»Delfine? Oder ... nein, ich weiß! Rehe!«

Leander Linnen tritt von einem Bein auf das andere. Wieso denkt der Junge ausgerechnet an Rehe? Und wie sind sie überhaupt auf das Thema gekommen? Es wäre gut, wenn sie langsam über etwas anderes sprechen würden. Zum Beispiel darüber, was den Jungen in seinen Laden geführt hat. Der Hund allein wird es nicht gewesen sein, oder?

»Ich fange Lilli mal wieder ein«, murmelt der Junge jetzt, als könne er Gedanken lesen.

Leander Linnen winkt ab.

»Ach, lass deinen Hund ruhig noch ein bisschen stöbern. Vielleicht findet er etwas, das er braucht.«

Der Junge lacht auf.

»Eigentlich suche ich was! Ich will ein Geschenk für meine Tante kaufen.«

Interessiert lehnt sich der alte Mann nach vorne.

»Warum?«

Der Junge runzelt die Stirn.

»Warum?«, wiederholt er. »Na, weil sich das so gehört. Weil sie meine Tante ist. Weil ich sie mag. Und weil sie mir auch immer etwas schenkt.«

»Ja«, sagt Leander Linnen. »Das kann ich mir denken. Was ich eigentlich meine: Warum bastelst du ihr nicht etwas Hübsches? Oder malst ihr ein Bild?«

Der Junge verzieht das Gesicht.

»Ich will ihr was *Richtiges* schenken«, sagt er.

»Ist ein selbst gemaltes Bild nichts Richtiges?«

Der Junge schüttelt entschieden den Kopf.

»Das sind doch nur so Babygeschenke.«

»Na, wenn das so ist«, sagt Leander Linnen. »Ein Baby bist du definitiv nicht mehr. Sonst würdest du wohl kaum allein mit deinem Hund spazieren gehen.«

Der Junge nickt erleichtert. Der alte Mann hat ihn verstanden.

»Wofür interessiert sich deine Tante denn?«, will er jetzt wissen. »Was mag sie?«

Die Antwort kommt prompt.

»Lila.«

Leander Linnen zieht irritiert die Augenbrauen nach oben.

»Lila? Aber ich dachte, der Hund heißt Lilli?«

Da muss der Junge kichern.

»Ja«, sagt er. »Das stimmt schon. Meine Tante mag aber Lila, die Farbe. Ich glaube, am meisten würde sie sich über etwas Lilafarbenes freuen.«

Das ist mal eine Herausforderung! Leander Linnen ist begeistert. Lilafarbene Schätze hat er sicherlich nicht viele. Aber das ein oder andere wird sich schon auftreiben lassen. Er nickt dem Jungen aufmunternd zu und dann machen sie sich gemeinsam an die Arbeit.

Es dauert eine ganze Weile, aber irgendwann haben sie tatsächlich jedes lilafarbene Ding – vom ausladenden Sonnenschirm bis zum kleinsten Knopf – gefunden und auf dem Tresen abgelegt. Lilli hat sich übrigens nicht als große Hilfe herausgestellt: Ihr Interesse scheint sich ausschließlich auf Essbares zu richten – und irgendwo hat sie doch tatsächlich einen halben Keks entdeckt.

Stolz blickt Leander Linnen auf ihre Fundstücke. Wie immer ist er selbst am meisten überrascht von den wundersamen Dingen, die sich in den Ecken und Winkeln seines Ladens angesammelt haben. Den violett eingeschlagenen Gedichtband hatte er längst vergessen. Auch das lavendelfarbene Strandtuch. Oder das hübsche Fass mit

der fliederfarbenen Tinte. Doch der Junge ist mit nichts so richtig zufrieden.

»Zum Lesen hat meine Tante keine Zeit«, sagt er. »Zum Sonnenbaden auch nicht. Und zum Briefeschreiben erst recht nicht.« Er klingt fast niedergeschlagen. »Davon mal abgesehen, hat sie das alles sowieso schon. In ihrem Wohnzimmer stehen bestimmt hundert Bücher. Und Handtücher habe ich in ihrem Bad auch schon jede Menge gesehen.«

»Tinte hat deine Tante auch?«, fragt Leander Linnen, dem das Fass wirklich außerordentlich gut gefällt.

»Nee«, gibt der Junge zu. »Aber einen Laptop. Mit dem schreibt sie immer.«

Leander Linnen seufzt.

»Klingt nach einem schwierigen Fall«, meint er.

Der Junge nickt.

»Ja«, sagt er. »Eigentlich hat meine Tante alles. Außer Zeit.«

Während er spricht, schaut er an Leander Linnen vorbei. Dort hinter dem Tresen lagern vor allem reparaturbedürftige Dinge. Eine verstimmte Ukulele. Ein Rennauto ohne Räder. Ein Wecker, bei dem der Sekundenzeiger lahmt.

»Da ist ja noch was Lilafarbenes«, sagt der Junge. Leander Linnen blickt über seine Schulter. Stimmt, der alte Wecker hat eine lila Lackierung. Oder – weitaus treffender: Er hatte eine lila Lackierung. Die Farbe ist an vielen Stellen abgeplatzt, Beulen hat er außerdem und auch das Ziffernblatt ist verblichen. Nur die beiden Glocken, die wie große Ohren auf dem Gerät sitzen, strahlen wie frisch poliert.

Leander Linnen nimmt den Wecker aus dem Regal und reicht ihn über den Tresen. Der Junge lächelt, er ist von dem ramponierten Ding ganz angetan. Nach einem Blick auf die Kuckucksuhr an der Wand hat er den Wecker fix gestellt. In weniger als einer Minute müsste er klingeln. Doch es passiert, was immer passiert: Der Sekundenzeiger will nicht so recht. Erst bewegt er sich gar nicht und dann, als er sich offenbar entschieden hat, doch noch vorzurücken, tut er das ausgesprochen langsam. Für einen Moment ist es, als stünde die Zeit still. Wobei, wer genau hinsieht – hinspürt –, merkt, dass das auch nicht ganz stimmt. Vielmehr geschieht alles in Zeitlupe. Sogar die Kerzen auf dem Adventskranz flackern gemächlicher. Eine große Ruhe überkommt alles und jeden; selbst Lilli, die eben noch so aufgeregt an den Schuhen des alten Mannes geschnuppert hat, verlangsamt ihr Tempo. Und dann, eine Ewigkeit später, ist es so weit: Der Wecker klingelt. Und die Zeit läuft weiter wie gewohnt. Der Junge sieht Leander Linnen mit großen Augen an.

»Eine Zeitmaschine«, flüstert er tonlos.

Leander Linnen schweigt. Was ist dieser Erkenntnis schon hinzuzufügen? Als der Junge sich wieder gefangen hat, verkündet er, dass er den Wecker gern kaufen will.

»Aber so, wie er ist«, betont er. »Bitte nicht reparieren!«

»Das würde ich nie wagen«, sagt der alte Mann, der den Wecker schon in Papier einschlägt.

Und ohne dass der Junge es merkt, legt er für die Tante noch eine Kleinigkeit dazu. Ein Kreisel, zwar nicht lila, aber trotzdem genau richtig.

9. Die goldene Spieluhr

Leander Linnen macht Feierabend. Er hat heute lange genug hinter dem Tresen seines Trödelladens gestanden. Der alte Mann schlurft zur Tür, um das Schild an der Ladentür umzudrehen. Von »Geöffnet« auf »Geschlossen«. Dann dreht er auch den Schlüssel im Schloss herum und sperrt ab. Als er sich gerade abwenden will, pocht es draußen gegen die Scheibe. Klopf, klopf, klopf. Das klingt sehr dringend. Wer kann es sein? Klopf, klopf, macht es wieder. Leander Linnen versucht, durch das Glas zu erkennen, wer vor seinem Laden steht. Aber draußen ist es viel zu dunkel.

»Leander?«, ruft da eine Stimme, die ihm bekannt vorkommt. »Kannst du mir einen Gefallen tun? Deine Nachbarn sind alle nicht da!«

Jetzt weiß Leander Linnen, wer da vor der Tür steht. Jasmin, die Paketbotin!

Kaum hat Leander Linnen wieder aufgeschlossen und die Tür aufgezogen, tritt Jasmin über die Schwelle. Von ihr zu sehen ist allerdings nichts. So beladen ist sie mit Paketen, großen und kleinen, dicken und dünnen, ordentlich verpackten und wild beklebten. Auf einem kann Leander Linnen goldene Sternchen erkennen. Auf einem anderen kleben kleine Tannenbäume. Er kann sich schon denken, was das alles sind: Weihnachtsgeschenke.

Gekonnt stellt Jasmin den Paketstapel ab. Sie richtet sich auf, zieht sich die Kapuze vom Kopf und streicht durch ihre roten Locken.

»So ist das immer im Dezember! Alles auf den letzten Drücker!«

Leander Linnen schüttelt verständnislos den Kopf.

»Ich erinnere mich an eine Zeit, da wurde das noch den Profis überlassen«, murmelt er.

Jasmin zieht die Augenbrauen zusammen und schaut streng.

»Entschuldige, Leander, aber was soll das denn bitte heißen? Ich bin Profi. Ich liefere seit fünf Jahren Pakete aus. Ich schwöre, mir ist noch nichts verloren gegangen. Keine einzige Sendung!«

Leander Linnen beeilt sich zu nicken.

»Oh, das weiß ich«, murmelt er. »Das weiß ich natürlich. Das wollte ich auch gar nicht behaupten. Ich meinte, dass das Schenken früher komplett in den Händen der Profis lag.«

Schmunzelnd hält Jasmin Leander Linnen ein kleines Gerät unter die Nase. Darauf unterschreibt er, dass er zwölf Pakete angenommen hat. Den Nachbarn wird Jasmin später Benachrichtigungen in den Briefkasten werfen. Damit sie wissen, wo sie ihre Lieferungen abholen können. Jasmin steckt das Gerät wieder ein und blickt Leander Linnen mitfühlend an. »Es tut mir leid, dass wieder kein Paket für dich dabei ist«, sagt sie.

Leander Linnen winkt ab.

»Ich muss doch erst mal das, was ich hier alles habe, unter die

Leute bringen! Wobei, einen Schal, den könnte ich gut gebrauchen. Hab meinen irgendwo verlegt.« Er sieht Jasmin fragend an. »Du bleibst doch auf ein Tässchen, wie immer?«

»Wie immer«, sagt Jasmin, woraufhin Leander Linnen in seinem Hinterzimmer verschwindet, um Ingwertee aufzusetzen. Er weiß, wie erschöpft die Paketbotin ist, und dass ihr eine kleine Stärkung guttun wird. Deshalb legt er auch zwei Kekse auf das Tablett.

Serviert wird im Verkaufsraum, wo Jasmin es sich im Ohrensessel gemütlich gemacht hat. Sie steckt sich direkt den ersten Keks in den Mund und beginnt von ihren Erlebnissen des Tages zu erzählen. Von ein paar Begegnungen mit missmutigen Leuten einmal abgesehen, mag Jasmin ihren Beruf sehr. Weil sie viel unterwegs ist, längst die ganze Stadt kennt und vom Paketeschleppen nebenbei ordentlich Muskeln bekommt. Im Armdrücken gewinnt sie sogar gegen ihren großen Bruder. Es gibt nur ein Problem: Jasmin kann nicht gut schlafen.

»Kein Wunder«, meint Leander Linnen und wiegt verständnisvoll den Kopf. »Wer den ganzen Tag auf Zack ist, kann abends Schwierigkeiten haben, zur Ruhe zu kommen.«

Seufzend zieht Jasmin den Hocker heran, um ihre Füße für einen kurzen Moment hochzulegen. Auf dem Hocker befindet sich, überraschend ordentlich zusammengefaltet, eine bunte Flickendecke. Um sie nicht schmutzig zu machen, nimmt Jasmin die Decke zur Seite – und macht große Augen. Denn darunter liegt eine kleine goldene Spieluhr.

Begeistert klatscht Leander Linnen in die Hände.

»Da hast du dich also versteckt!«, ruft er. »Jetzt weiß ich auch, auf wen du gewartet hast!«

Jasmin sieht Leander Linnen irritiert an; sie weiß nicht, wovon er spricht. Hat er nicht eben noch gesagt, dass er seinen Schal vermisst? Na gut, er ist und bleibt ein etwas schrulliger alter Herr. Nun nickt er ihr auffordernd zu. Jasmin nimmt die Spieluhr in die Hand und klappt sie auf. Vor einem Spiegel springt ein kleiner Ballettänzer in Position. »Hoppla!«, ruft Jasmin überrascht.

Sie dreht den kleinen Schlüssel im Inneren, um die Mechanik aufzuziehen. Einmal, zweimal, dreimal. Es rattert, klackert und auf einmal ist eine Melodie zu hören. Eine ruhige, sanfte und doch fröhliche Melodie. Das Püppchen dreht sich im Kreis. Jasmin beginnt zu lächeln. Ihre Gesichtszüge entspannen sich ... und dann gähnt sie.

»Hast du etwas dagegen, wenn ich kurz die Augen zumache?«, fragt sie – doch die Antwort hört sie schon nicht mehr. Jasmin, die den ganzen Tag auf den Beinen war, ein Paket nach dem anderen geschleppt hat, oft einen ganzen Stapel balanciert hat, ist eingeschlafen.

Leander Linnen lächelt. Er hat seinen Laden nun schon so lange und ist doch immer wieder erstaunt darüber, wie die Menschen und Dinge zusammenfinden.

Die Melodie ist längst verklungen und der Tänzer tanzt auch nicht mehr; aber Jasmin schläft noch immer. Sie schnarcht sogar ein bisschen. Ein bisschen sehr. Leander Linnen nimmt die Flickendecke und deckt die Paketbotin zu. Höchste Zeit, dass sie sich einmal so richtig ausschläft. Und Leander Linnen? Der macht in der Zwischenzeit den

Abwasch. Er ist fast fertig, da tut sich etwas auf dem Ohrensessel. Jasmin rekelt sich, streckt sich, gähnt – und schlägt die Augen auf. Verblüfft sieht sie sich um.

»Oh, ich ... wie spät ist es denn?«, fragt sie Leander Linnen, der von ihrem lauten Gähnen aus dem Hinterzimmer gelockt wurde. »Hab ich sehr lang geschlafen? Das tut mir aber leid. Auf einmal war ich so müde. Und auf einmal –«

»Auf einmal konntest du schlafen«, beendet Leander Linnen ihren Satz.

Jasmin lächelt. So wunderbar geträumt hat sie lange nicht. Von tanzenden Ballerinen, die zum Nordpol fliegen. Von Weihnachtspaketen mit Flügeln. Von köstlichen Bratäpfeln und süßem Baklava. Und von einem schrulligen alten Mann, der viel mehr ist als ein Trödelhändler, viel mehr ...

Zum Abschied drückt sie Leander Linnen lange und herzlich. Dann setzt Jasmin ihre Kapuze auf und verschwindet in der Dunkelheit. Erst vor ihrer Wohnung, auf der Suche nach ihrem Schlüssel, entdeckt Jasmin in ihrer Tasche die Spieluhr. Leander Linnen hat sie ihr heimlich zugesteckt. Den Rest der Nacht verbringt Jasmin friedlich schlummernd in ihrem eigenen Bett. Und der alte Mann? Der ist froh, dass er auf das Klopfen gehört und seinen Laden noch einmal aufgeschlossen hat. Denn er weiß, was die Paketbotin leistet. Er weiß es nur zu gut.

10. Die verstimmte Ukulele

Ein neuer Tag. Leander Linnen ist schon lange auf den Beinen. Noch vor Sonnenaufgang hat er zu Hause Kaffee getrunken, ein Hörnchen gegessen, die Tiere versorgt und dann seinen kleinen Laden aufgesperrt. Auch hier gibt es noch vieles für ihn zu tun. Doch erst einmal wird Leander Linnen wie immer einen Blick in die Zeitung werfen. Er hat sie gerade aufgeschlagen, als sich die Glöckchen über der Tür melden. So früh schon Kundschaft? Tatsächlich!

Es sind die Zwillinge von gegenüber, Theresa und Oliver. Sie gehören zu Leander Linnens Stammkunden. Üblicherweise kaufen sie je zwei saure Drops und fünf Gummischlangen. Manchmal auch zwei Gummischlangen und fünf Drops. (Denn ein bisschen Abwechslung muss sein.) Die Leckereien stehen in bauchigen Gläsern gleich vorne auf dem Tresen – in praktischer Griffnähe.

»Guten Morgen«, ruft Leander Linnen überrascht. »Was macht ihr denn hier? Habt ihr euch gleich doppelt vertan, im Tag und in der Zeit?«

Da ist etwas dran. Normalerweise kommen die beiden nur freitags vorbei, um kurz nach vier – direkt nach der Musikschule. Deshalb hat Theresa auch immer ihren Gitarrenkoffer dabei. Wohingegen

Oliver, der Klavier lernt, sein Instrument verständlicherweise zu Hause lässt. Der Abstecher in Leander Linnens Laden ist ein festes Ritual.

»Oder musiziert ihr jetzt etwa schon morgens?«

Der alte Mann zwinkert fröhlich, als er das sagt. Doch Theresa und Oliver ziehen betrübte Gesichter.

»Alles in Ordnung?«, fragt Leander Linnen.

Theresa schüttelt den Kopf, Oliver seufzt theatralisch.

»Wir brauchen dringend was Süßes«, sagt er.

Das hat sich Leander Linnen schon fast gedacht. Er schraubt den Deckel von dem Glas mit den Gummischlangen und greift nach der Zange.

»Wie viele dürfen es denn heute sein? Zwei Schlangen? Oder fünf?«

»Zehn«, sagt Theresa. »Und auch zehn Drops.«

»Oha«, macht der alte Mann. Dieser Bestellung nach ist wirklich rein gar nichts in Ordnung. Er füllt eine Tüte mit den gewünschten Leckereien und beschließt, die Kinder erst einmal in Ruhe futtern zu lassen. Vielleicht verraten sie ihm dann, was los ist. Oliver schlürft grüne Gummischlangen wie Spaghetti, während sich seine Schwester um die sauren Drops kümmert.

»Wir sollen auf dem Weihnachtsmarkt ein Konzert spielen«, rückt Theresa endlich mit der Sprache heraus. »Aber ich kriege es einfach nicht hin! Das Stück ist zu schwer.«

»Sauschwer«, fügt ihr Bruder hinzu. »Mein Klavierpart geht noch, den pfeffere ich irgendwie hin. Aber was Theresa spielen soll, ist unglaublich!«

Leander Linnen spitzt nachdenklich die Lippen.

»Aber ... warum sagt ihr das eurer Musiklehrerin denn nicht einfach? Wie heißt sie noch gleich, Frau Deckweiß?«

Theresa und Oliver wechseln einen Blick.

»Frau Schneeweiß.« Oliver kichert.

Der alte Mann tut, als müsse er den Kopf über sich selbst schütteln.

»Frau Schneeweiß weiß ja selbst ganz genau, dass das Stück zu schwer ist«, sagt Oliver. »Aber sie hofft halt, dass sie ihren Job in der Musikschule behalten darf, wenn wir es irgendwie doch hinkriegen.« Theresa nickt.

»Wir sind so was wie ihre letzte Chance!«

»Deshalb müssen wir jetzt noch viel mehr üben!«

Leander Linnen erinnert sich. Die Zwillinge haben ihm schon erzählt, dass es in der Musikschule nicht gerade rosig aussieht für Frau Schneeweiß. Dabei ist sie bei den Kindern sehr beliebt – weil sie findet, dass Musik vor allem eines muss: Spaß bereiten. Doch angeblich machen die Kinder zu wenig Fortschritte, vor allem beim Notenlesen soll es hapern.

Theresa schiebt sich ihren letzten sauren Drops in den Mund.

»Wenn Frau Schneeweiß uns nicht mehr unterrichtet, höre ich ganz mit Gitarre auf!«

Ihr Bruder sieht sie von der Seite an.

»Das erlaubt Mama nie.«

»Ja, aber vielleicht Papa.«

»Denkst du!«

»Nee, hoff ich.«

So geht das eine Weile hin und her. Leander Linnen, der sich jetzt auch eine Gummischlange gönnt – eine grüne, denn das sind bekanntermaßen die besten –, hört dem Wortwechsel interessiert zu. Ein gewöhnlicher Erwachsener würde jetzt vielleicht so etwas sagen wie: Wenn so viel an eurem Vorspiel hängt, solltet ihr dann die Zeit nicht nutzen, um zu üben, statt hier zu zanken? Doch Leander Linnen ist kein gewöhnlicher Erwachsener. Er ist alles andere als das. Am besten, vermutet er, am besten wäre, die beiden kämen einmal auf ganz andere Gedanken. Und deshalb schickt er sie jetzt auf eine Schatzsuche quer durch den Laden. Das haben sie schon öfter gemacht. Meistens, wenn Leander Linnen irgendetwas verlegt oder verkramt hat. So wie aktuell seinen Ringelschal.

Die Regeln sind denkbar einfach: Wer den vermissten Gegenstand zuerst findet, bekommt eine gemischte Süßigkeitentüte. Gesucht werden darf überall, außer im Hinterzimmer. Das ist tabu.

Theresa und Oliver durchkämmen den Laden überaus gründlich. Als Stammkunden kennen sie sich hier bestens aus. Sie wissen, dass im Schuhschrank die Keksdosen lagern, dass in den großen Hutschachteln kleine Hutschachteln und in den kleinen Hutschachteln winzige Hutschachteln sind und dass sich auch ein Blick unter den Teppich lohnen kann.

Doch heute haben sie kein Glück. Der Schal von Leander Linnen ist und bleibt verschwunden.

Dafür entdecken sie etwas anderes, das ihr Interesse weckt. Es ist eine Ukulele, die hinter dem Tresen liegt.

»Die ist neu, oder?«, fragt Theresa neugierig.

»Klar ist die neu!«, ruft Oliver, bevor Leander Linnen etwas sagen kann. Seine Antwort wäre aber sowieso die gleiche gewesen. Wobei »neu« relativ ist. Wirklich neu ist das Instrument natürlich nicht – alles in seinem Laden ist gebraucht, hat hier einen Kratzer oder dort eine Beule. Was die Dinge jedoch nicht weniger kostbar macht, ganz im Gegenteil.

»Darf ich die mal ausprobieren?«, stellt Theresa schon die nächste Frage.

Leander Linnen nickt ermunternd. Zwar graut den Geschwistern vor dem Konzert, aber eigentlich machen sie gern Musik. Richtig gern!

Leander Linnen kann sich schon denken, dass Theresa der Ukulele schnell die richtigen Töne entlockt. Doch was dann geschieht, überrascht ihn. Und die Kinder noch viel mehr. Kaum hat Theresa zaghaft die erste Saite gezupft, beginnen auch die anderen drei zu schwingen. Und dann, wie von Zauberhand, ertönt eine ganze, vollständige und wunderbare Melodie. Ohne dass Theresa auch nur einen einzigen Finger rührt.

Die Ukulele immer noch vor dem Bauch, blickt sie Hilfe suchend zu ihrem Bruder, der genauso erschrocken zurückstarrt.

»Aber … aber das ist ja unser Lied! Das ist das Lied, das wir morgen spielen sollen!«

»Sieht so aus, als ginge es auch ohne Üben«, meint Leander Linnen, der seine Augen geschlossen hat, um das Musikstück voll und ganz zu genießen. Obwohl er mehr mit sich selbst gesprochen hat, haben die Kinder es natürlich gehört. Und spätestens jetzt haben sie den rettenden Einfall.

Theresa wird nur so tun als ob!

Wenn sie morgen auf der geschmückten Bühne den Gitarrenkoffer öffnet und zur Überraschung aller statt ihrer Gitarre die Ukulele herausholt, wird niemand einschreiten. Alle werden so tun, als wäre der Auftritt genauso geplant gewesen. Frau Schneeweiß und die Leiterin der Musikschule sowieso. Denn der ist ja nur wichtig, dass das komplizierte Lied gespielt wird. Und das wird es! Die Fingerbewegungen hat Theresa mehr oder weniger drauf, sodass das Publikum davon ausgehen wird, dass sie es ist, die das Duett mit ihrem Bruder spielt. Wer auch sonst?

»Leihen Sie uns die Ukulele?«, fragt Oliver. »Nur für einen Tag?«

»Wir bringen sie gleich morgen nach dem Konzert zurück«, verspricht Theresa.

Leander Linnen lacht.

»Sehr gern«, sagt er und schiebt sich noch eine Gummischlange in den Mund. »Es sei denn –«

»Es sei denn was?«, fragen die Zwillinge gespannt.

»Es sei denn, ich darf euch das alte Ding schenken. Das wäre mir fast noch lieber.«

11. Der zerbeulte Karton

Leander Linnen hat sich vorgenommen, seine Landkarten zu sortieren. Aber wie immer, wenn er aufräumen will, lässt er sich von seinen Schätzen schnell ablenken. Mit hochgekrempelten Ärmeln breitet er die Karte Südamerikas auf seinem Tresen aus. Über die Anden ist er schon oft geflogen, über all die Gletscher und Vulkane, Wüsten und Seen. Als er mit dem Zeigefinger seine liebste Reiseroute entlangfährt, vergisst er alles andere.

Der alte Mann ist so vertieft in die Zeichnungen; er merkt nicht einmal, dass er Kundschaft hat. Sie hat sich hereingeschlichen, als der letzte Kunde den Laden verlassen hat. Nun streift sie schon eine Weile im Laden herum, stupst hier einen Gummiball an, testet den grünen Ohrensessel und erschreckt sich vor einem Mobile aus Federn, das von der Decke hängt. Da Leander Linnen von all dem nichts mitbekommt, muss die Kundschaft deutlicher werden.

»Miau!«

Mit einem großen Satz landet eine äußerst dicke schwarze Katze mitten auf der Landkarte vor Leander Linnens Nase, genau auf dem Monte Pissis. Überrascht weicht er einen Schritt zurück. Dann sagt er höflich: »Guten Tag, ich habe dich gar nicht bemerkt.«

»Miau.«

»Fisch habe ich leider nicht«, sagt Leander Linnen.

»Miau-Miau?«

»Auch nicht als Stäbchen.«

Beleidigt springt die Katze vom Tresen, läuft in Richtung Ladentür und ist nicht mehr zu sehen. Ist sie etwa schon wieder gegangen? Leander Linnen begibt sich auf die Suche.

»Bist du noch da?«, fragt er leise. »Vielleicht kann ich dir etwas anderes anbieten? Bist du hungrig? Ich hätte einen Rest Kartoffelsuppe.«

»Maunz!«

Scheppernd fällt eine Blechkanne zu Boden. Das war ein deutliches Nein. Immerhin steht nun fest, dass die dicke Katze noch da ist. Alles andere hätte Leander Linnen auch gewundert. Er weiß mittlerweile, dass sich niemand ohne Grund in seinen Laden verirrt. Ob Zwei- oder Vierbeiner. Wahrscheinlich schleicht seine Besucherin ganz oben über das Regal. Leander Linnen räuspert sich. Und dann erklärt er, dass er sich mit Katzen leider nicht sonderlich auskennt, aber gern sein Bestes gibt. Ob er ihr vielleicht ein Stöckchen werfen darf?

Keine Reaktion.

Vermutlich ist es besser, die Katze in Ruhe zu lassen. Sie wird sich schon melden, wenn sie etwas braucht. Außerdem hat Leander Linnen sowieso viel zu tun – nur auf seine Landkarten kann er sich nicht mehr konzentrieren. Nachdem er sich ein kleines Päuschen und eine Tasse Tee gegönnt hat, beschließt er, sich um die

Pappkartons zu kümmern, die in einer Ecke des Verkaufsraums lagern. Es ist ein riesiger Haufen, der viel Platz wegnimmt. Einige Kisten sind noch brauchbar, andere müssten zum Altpapier. Ein Karton ist besonders zerbeult. Leander Linnen will gerade danach greifen, da bewegt sich die Kiste! Erschrocken stolpert er rückwärts und landet auf einem Schaukelpferd. Der alte Mann besinnt sich: Es gibt in seinem Trödelladen wirklich viele sonderbare Dinge – aber keine lebendigen Pappkartons! Also versucht Leander Linnen es erneut. Er schleicht zur Kiste und wirft von oben einen Blick hinein. Zwei Augen leuchten ihm entgegen. Natürlich, die Katze! Wenn sie sich bewegt, wackelt auch der Karton. Leander Linnen atmet erleichtert aus. Dann muss er lachen. Ausgerechnet hier hat es sich sein Besuch also gemütlich gemacht. Wie soll er die Kartons nun entsorgen? Leander Linnen versucht, die Katze zu überreden, in dem alten Kinderwagen Platz zu nehmen. Ohne Erfolg. Die Katze hat entschieden, dass der zerbeulte Karton von nun an ihr Zuhause ist.

»Einverstanden«, murmelt Leander Linnen. Seufzend greift er nach seinem Mantel und nimmt ein paar Scheine aus der Kasse. Er will Katzenfutter kaufen.

Es vergeht eine ganze Weile, bis Leander Linnen zurück ist. So voll sind die Supermärkte kurz vor den Feiertagen. Aber nun ist er endlich wieder da. Schwer beladen, weil er auch für sein Mittagessen eingekauft hat – es gibt Ravioli –, stolpert er über die Schwelle. Als er seine Einkäufe auf dem Tresen abladen will, fallen ihm die Dosen mit dem Tierfutter herunter. Kreuz und quer kullern sie durch den Laden. Das macht vielleicht einen Krach! Vorwurfsvoll streckt die Katze ihren Kopf aus dem Karton.

»Das war ein Versehen«, entschuldigt sich Leander Linnen prompt. »Aber dafür gibt es gleich was Leckeres. Lachs in Soße.«

Er öffnet eine der Dosen und lässt das glibberige Futter auf eine Untertasse gleiten. Er bückt sich, um das Tellerchen in den Karton zu stellen – doch der ist schon voll! Vier kleine Kätzchen kuscheln sich darin an ihre Mutter.

»Oha«, macht Leander Linnen. Und noch einmal »Oha«. Dann hat er sich auch schon wieder gefangen und sagt: »Herzlichen Glückwunsch.« Denn das gehört sich so zur Geburt. Nun ergibt alles Sinn: Die Katze hat einen gemütlichen Ort für ihre Jungen gesucht. Sie nickt höflich, blinzelt müde und legt sich wieder zu ihren Jungen in den Karton. Da sieht Leander Linnen auch, womit sie den Karton zu einem gemütlichen Bett gemacht hat: mit seinem geliebten Ringelschal! Wo immer sie den aufgetrieben hat.

Nun, unter diesen besonderen Umständen darf die Katze den Schal natürlich behalten. Und auch die Kartons bleiben selbstverständlich erst einmal da, wo sie sind. Leander Linnen sinkt in seinen Ohrensessel. Er kann es kaum fassen: In seinem Leben hat er so viel erlebt, ist er so viel herumgekommen, aber das ist eine echte Premiere. Katzenopa war er noch nicht.

Und nun? Nun sollte er sich dringend überlegen, wer sich um die Tiere kümmert, wenn er verreist ist. Das ist doch schon so bald! Die Reise ist zwar nur kurz, aber verschieben kann er sie nicht. Auf keinen Fall. Und natürlich wäre es gut, wenn er bis dahin noch einen neuen Schal auftreibt. Unterwegs zieht es immer so furchtbar.

12. Der gelbe Chip

Leander Linnen steht hinter seinem Tresen und kratzt sich nachdenklich am Bart. Er überlegt, wo er einen neuen Schal hernehmen soll. Denn für eigene Einkaufstouren hat er absolut keine Zeit. Es gibt einfach viel zu viel zu tun – da betritt auch schon der nächste Kunde seinen Laden. Es ist ein junger Mann im speckigen Ledermantel, lange Locken hängen bis über seine Schultern.

»Guten Tag!«, begrüßt ihn Leander Linnen.

Der Mann nickt. Doch als er den Mund öffnet, will das erste Wort nicht über seine Lippen kommen.

»G-g-g-«

Er bricht ab und versucht es erneut.

»G-g-«

Die Anspannung ist dem jungen Mann anzusehen. Leander Linnen bleibt gelassen; er lächelt, was sein Gegenüber kurz irritiert. Denn es gibt ja viele Arten zu lächeln. Es gibt spöttisches Lächeln, freundliches Lächeln, unsicheres Lächeln, ermunterndes Lächeln ...

Doch dieses Lächeln ist eindeutig ein freundliches. Das macht es leichter. Denn egal, wie sehr er sich anstrengt: Manche Buchstaben kann der Mann einfach nicht gut sagen – obwohl er genau weiß, was er sagen will. Ihn freut, dass Leander Linnen seinen Blick nicht abwendet. Das ist selten. Und das macht es noch leichter.

»W-w-woher wissen Sie das?«, bringt er überrascht heraus.

»Woher weiß ich was?«

»N-na, dass es beim Stottern vor allem auf G-g-geduld ankommt?«

»Ach«, Leander Linnen winkt ab. »Ich habe beruflich mit so vielen Menschen zu tun. Vor allem mit Kindern. Und ein paar von denen können sogar stottern. Die haben mir das verraten.«

»K-kluge Kinder«, sagt der Mann.

»In der Tat.«

Der junge Mann grinst. »Ich g-glaube, ich schau mich einfach mal ein b-bisschen um.« Erst jetzt bemerkt Leander Linnen, dass sich in der Manteltasche des Mannes etwas bewegt. Eine kleine rosafarbene Schnauze schiebt sich neugierig heraus.

»Oh«, macht Leander Linnen entzückt. »Hallo, du!«

»Das ist Henriette.« Der Mann lächelt stolz. »M-m-meine Ratte. Sind Tiere hier erlaubt?«

»Aber natürlich!«, ruft Leander Linnen. »Hier ist jeder willkommen. Ob Mensch, ob Tier, ob Fabelwesen. Allerdings sollte Henriette von den Kartons dahinten sicherheitshalber etwas Abstand halten. Da wohnt eine junge Katzenfamilie.«

Der junge Mann nickt und beginnt, mit langen Schritten durch die Regalreihen zu spazieren. Auch Henriette scheint es im Trödelladen interessant zu finden. Sie ist auf die Schulter ihres menschlichen Begleiters geklettert und hat nun einen perfekten Aussichtspunkt.

Alibaba und die 40 Ratten
FRANZÖSISCHE KÜCHE LEICHT GEMACHT · DECKER
RATTOS IN
IDEEN
HAMELN
hopse
KICHER
SPASS
Märchen
IRE

»Suchen Sie etwas für Ihre kleine Freundin?«, fragt Leander Linnen, der heute neugieriger als sonst ist. Aber er kann nicht anders. Er hat für Tiere ein besonders großes Herz, schon immer gehabt.

Der Mann bleibt stehen.

»Sie meinen Henriette? N-n-ein. Henriette hat alles, was sie braucht. Sie hat sich zumindest noch nicht beschwert.« Er zuckt mit den Schultern. »Ich suche ein G-g-geschenk für meine Nachbarin Sascha. Damit sie Heiligabend etwas zum Auspacken hat. Ich g-g-glaube, sie ist an dem Tag allein, sie ist gerade erst aus Moskau hergezogen. Mit ihrer Familie feiert sie an Silvester.«

Leander Linnen nickt wissend.

»Ich wette, dann kommt Väterchen Frost mit seiner Enkelin zu Besuch!«

Die Augen des jungen Manns beginnen zu leuchten.

»D-das hat Sascha erzählt, ja.« Er streicht sich das lange Haar aus dem Gesicht. »Haben Sie irgendetwas, d-das allein gespielt werden kann? Ein K-k-kartenspiel oder so?«

Leander Linnen wiegt nachdenklich den Kopf.

»Das kann schon sein«, sagt er. »Am besten, Sie schauen mal da links, neben dem Schrank. Da sind auf jeden Fall ein paar Spiele. Aber hier vorne könnten auch welche sein. Oder ganz dahinten. Und im Schaufenster natürlich!«

Der junge Mann begibt sich auf die Suche. Doch das Problem ist: Für jedes Spiel, das er findet, braucht man mindestens zwei Mitspieler. Wenn nicht noch mehr! Da ist zum Beispiel ein Quiz mit lustigen Scherzfragen oder ein Detektivspiel, bei dem man gemeinsam einen Fall löst. Das sieht ziemlich spannend aus. Doch allein wird sich Sascha an Heiligabend damit wohl kaum die Zeit vertreiben können.

»Wenn die Frage erlaubt ist«, reißt ihn Leander Linnen aus seinen Gedanken. »Wie verbringen Sie denn die Feiertage?«

Der junge Mann sieht überrascht auf.

»Am 24. habe ich bis abends D-dienst«, sagt er. »Ich fahre K-k-krankenwagen.«

»Oha«, macht Leander Linnen beeindruckt. »Na, viele Menschen verbringen die Feiertage allein. Aus den verschiedensten Gründen.« Auf einmal schleicht sich ein kleines Lächeln auf sein Gesicht. »Kennen Sie die polnische Tradition, einen Teller mehr zu decken? Damit auch für unerwarteten Besuch Platz ist. Weil niemand allein sein sollte – der nicht allein sein mag.«

»Das ist eine schöne Tradition«, sagt der junge Mann nachdenklich.

»Finde ich auch.«

Henriette ist über den ausgestreckten Arm des jungen Mannes in das Regal geklettert. Ihr Näschen zittert aufgeregt, als sie sich zwischen einer Teekanne und einer Kaffeemühle hindurchschiebt. So wuselt sie das ganze Regal entlang, vorbei an einem Werkzeugkoffer, einem Brummkreisel und einem Stapel alter Bilderrahmen. Bis sie schließlich mit einem gewagten Sprung auf dem Boden landet. Sie schnappt sich ein kleines gelbes Etwas – ein Stück Käse vielleicht? – und verschwindet damit hinter einer gestreiften Reisetasche.

»Henriette!«, ruft der junge Mann erschrocken. »Achtung, hier g-gibt es Katzen!« Wobei er sich nicht mal sicher ist, ob Katzen überhaupt Ratten jagen. Vielleicht ist es auch andersherum? So oder so wäre es wirklich besser, Henriette würde es sich wieder in seiner Tasche bequem machen. Doch die denkt gar nicht daran.

»Was hast du da denn g-gefunden?«, fragt der junge Mann und geht in die Knie. »Zeig doch mal!« Mit dem Mund macht er Schnalz- und Pfeifgeräusche. Es klingt zwar äußert merkwürdig, aber er hat damit Erfolg. Langsam, ganz langsam, wagt sich Henriette hinter der Reisetasche hervor. In ihrem kleinen Maul trägt sie ihren Schatz. Und jetzt sieht der Mann auch: Es ist kein Käse, sondern ... irgendein Ding aus Plastik. Leander Linnen, der ebenfalls neugierig geworden ist, beugt sich über das kleine Tier.

»Ah!«, macht er. »Das ist ja ein Spielchip!«

»Ein Spielchip?«

Der junge Mann versteht nicht gleich.

Leander Linnen nickt.

»Ich würde wetten, der gehört zu *Vier gewinnt*. Kennen Sie das? Ihre Ratte hat einen guten Geschmack. Es ist ein tolles Spiel. Einfach, aber raffiniert!« Er macht eine Pause, ehe er scheinbar wie nebenbei hinzufügt: »Allerdings für zwei Personen.«

Leander Linnen holt den Pappkarton mit dem Spiel aus dem Regal und drückt ihn seinem Kunden in die Hand. Der hebt den Deckel und lacht, als er sich erinnert. Natürlich! *Vier gewinnt!* Das hat er mit seiner Schwester früher gern gespielt. Sie wollte immer die gelben Chips, er bekam die roten. Wem zuerst eine Viererreihe gelungen war, der hatte gewonnen. Der andere musste einräumen. Und manchmal auch den Nachtisch abgeben.

»Das würde ich g-g-gern mal wieder spielen«, sagt er.

Leander Linnen nickt.

»Normalerweise wäre ich bei einer kleinen Partie sofort dabei«, sagt er. »Aber gerade ist Hauptsaison, Sie verstehen.«

Der junge Mann lacht. So hatte er das gar nicht gemeint. Er hatte da eher an jemand anderen gedacht. Zumindest rein theoretisch, könnte er Sascha das Spiel hier doch schenken, oder? Wo sie an Heiligabend beide alleine sind? Würde es sich da nicht vielleicht anbieten, gemeinsam –?

Leander Linnen sieht ihn lächelnd an. Moment, denkt der junge Mann und fährt sich nervös durch das Haar. Moment. Kann der Alte etwa Gedanken lesen? Leander Linnen zwinkert fröhlich und nimmt ihm das Spiel aus der Hand.

»Wenn Sie einverstanden sind, pack ich Ihnen das gleich mal ein«, sagt er. »Rotes Papier oder grünes Papier?«

»G-grün«, sagt der junge Mann, ohne auch nur eine Sekunde zu zögern. Grün sind auch Saschas Augen.

13. Das verzierte Vorratsglas

Nach einem Blick auf die Kuckucksuhr beschließt Leander Linnen, dass es Zeit für das Mittagessen ist. Doch kaum hat sich der alte Mann seine Schürze umgebunden, melden sich die Glöckchen über der Tür. Klingeling, Klingeling!

Noch lauter als die silbernen Glöckchen sind die zwei Kinder, die mit dem Klingeln den Laden betreten haben. Sie tragen eine hellblaue und eine rote Winterjacke – und befinden sich mitten in einer eifrigen Diskussion.

»Ich habe Papa gesagt, wir machen Rote Grütze!«, ruft der Junge.

»Ich will aber Schokomousse!«, ruft das Mädchen.

»Ich hasse Schokomousse!«, ruft der Junge.

»Und ich hasse Rote Grütze!«

»Pech!«

»Selber Pech!«

Jetzt erst fällt ihr Blick auf Leander Linnen, der in seiner Schürze hinter dem Tresen steht. In der einen Hand hält er eine Raviolidose, in der anderen den Öffner. Die Kinder sind von dem Anblick so überrascht, dass sie für einen Moment sogar das Streiten vergessen.

»Macht ruhig weiter«, sagt Leander Linnen gelassen. »Ich will euch nicht abhalten.«

»Also«, sagt der Junge, wieder an seine Schwester gewandt. »Schokomousse geht gar nicht!«

»Geht wohl.«

»Nee.«

»Doch.«

»Nee.«

Leander Linnen räuspert sich.

»Tut mir leid, jetzt muss ich euch doch unterbrechen. Kann es sein, dass ihr im falschen Laden seid?« Er macht eine kleine Pause. »Der Feinkostladen ist nämlich gegenüber.«

Das Mädchen schüttelt ungeduldig den Kopf.

»Da kommen wir gerade her«, sagt sie. »Da haben wir ja überhaupt erst mit dem Streiten angefangen.«

Ihr Bruder nickt. Leander Linnen atmet erleichtert aus. Wenigstens in diesem Punkt sind sie sich einig.

»Wir sind in diesem Jahr an Heiligabend zum ersten Mal für das Essen zuständig«, erklärt das Mädchen.

»Stimmt nicht«, widerspricht der Junge. »Nur für den Nachtisch. Die anderen Sachen macht Papa.«

»Stimmt.« Das Mädchen nickt. »Aber das Problem ist: Wir können uns nicht einigen. Weil mein seltsamer Bruder nur seltsame Sachen isst.«

»Rote Grütze ist nicht seltsam!«

Das Mädchen winkt ab und wendet sich wieder an Leander Linnen.

»Weil wir uns im Feinkostladen nicht einigen konnten, wollten wir uns auf andere Gedanken bringen. Deshalb sind wir in den nächstbesten Laden rein, der nichts mit Essen zu tun hat.«

Sie bricht ab und lässt den Blick schweifen. Auch ihr Bruder scheint erst jetzt wahrzunehmen, wo sie hier eigentlich gelandet sind. Und es macht ihn ziemlich ratlos.

»Was ... äh ... ich meine, was verkaufen Sie hier eigentlich?«

Leander Linnen, der Dose und Öffner auf den Tresen gestellt hat, zuckt mit den Schultern.

»Manche nennen es Trödel. Andere Antiquitäten. Ich selbst spreche gern von Kuriositäten.«

Der alte Mann macht eine Pause, ehe er hinzufügt:

»Bisher hat hier noch jeder was gefunden.«

»Jeder?«, fragen die Kinder gleichzeitig. Sie wechseln einen schnellen Blick. Leander Linnen lächelt nur.

»Wenn ihr nichts dagegen habt, kümmere ich mich mal eben um mein Mittagessen«, sagt er. »Ruft mich, wenn ihr mich braucht.« Mit diesen Worten lässt er die Geschwister allein und geht in das Hinterzimmer mit der Küchenzeile. Nach kurzer Zeit zanken die beiden auch schon wieder weiter.

»Wie wäre es mit Vanilleeis?«, ruft Leander Linnen nach vorne. Es ist eine plötzliche Eingebung, denn Eis ist seine absolute Lieblingsnachspeise. Er hätte auch jetzt nichts gegen eine kleine Portion einzuwenden. Doch niemand geht auf seinen Vorschlag ein. Die Kinder sind viel zu beschäftigt damit, zu streiten. Und während sie das tun, nehmen sie all die Dinge in Augenschein, die der alte Mann über die Jahre zusammengetragen hat. Einiges davon könnten sie wirklich gut gebrauchen. Eine Frisbee-Scheibe haben sie zum Beispiel noch gar nicht und ihr Drache ist im Herbst davongeflogen. Zwar haben sie schon jede Menge Brettspiele, aber ... kann man jemals wirklich genug davon haben?

Leander Linnen, der im Hinterzimmer am Herd steht, spitzt die Ohren. Er ist wirklich gespannt, auf was die beiden sich einigen werden. Ob sie sich überhaupt einigen. Denn was sie auch entdecken, welchen Gegenstand sie auch zur Hand nehmen, immer wieder kommen sie zu ihrem Lieblingsthema – dem Nachtisch an Heiligabend – zurück. Er will Rote Grütze. Sie will Schokomousse. Und dabei bleibt es! So diskutieren sie, bis es auf einmal sonderbar still wird. Nanu, denkt Leander Linnen und stellt den Topf mit den Ravioli vom Herd. Die beiden werden doch nicht etwa still und leise weitergezogen sein? Das wäre schade! Der alte Mann wischt sich die Hände an der Schürze ab, dann geht er nach vorne, um nachzusehen.

Was er sieht, verschlägt sogar ihm für einen Moment die Sprache: Da sitzen die zwei Geschwister versöhnt mitten in seinem Laden im Schneidersitz. Zwischen ihnen steht ein offenes, halb volles Vorratsglas – verziert mit so vielen Sternchen, dass man kaum sieht, was darin ist. Leander Linnen weiß auch nicht, wo die Kinder das Glas aufgetrieben haben. Egal, denn die Hauptsache ist: Die beiden verstehen sich blendend. Gerade leckt der Junge den kleinen Löffel ab, den seine Schwester ihm freundlich hinhält. Dann ist sie an der Reihe. Sie tunkt den Löffel in das Glas, holt einen Klecks heraus und

lässt ihn in ihrem Mund verschwinden. Dann darf ihr Bruder wieder probieren. So geht das eine Weile hin und her.

Überrascht schlagen beide die Augen auf.

»Das kann nicht sein!«, widerspricht das Mädchen. »Wenn es mir schmeckt, kann es dir doch nicht auch schmecken.«

»Tut es aber!«, sagt der Junge, nicht weniger überrascht. »Ist schließlich Rote Grütze.«

»Rote Grütze?«, ruft das Mädchen. »Sag mal, geht's noch? Das ist Schokomousse!«

»Wie bitte? Du hast wohl deinen Geschmackssinn verloren!«

»Selber!«

Die beiden werfen sich noch ein paar Gemeinheiten an den Kopf, dann bemerken sie, dass Leander Linnen wieder hinter dem Tresen steht.

»Sie kommen gerade richtig!«, ruft der Junge. »Können Sie meiner Schwester bitte sagen, dass ich recht habe?«

Leander Linnen lächelt nur, woraufhin der Junge mit dem Vorratsglas in der Luft herumfuchtelt.

»Sagen Sie ihr, dass da rote Früchte drin sind!«

»Völliger Unsinn«, widerspricht seine Schwester. »Da ist Schokolade drin!«

Leander Linnen wiegt nachdenklich den Kopf.

»Eigentlich«, sagt er langsam. »Eigentlich verkaufe ich weder das eine noch das andere. Wie gesagt, der Feinkostladen ist schräg gegenüber ... aber, wenn ich vielleicht auch einmal kosten dürfte?«

»Selbstverständlich!«

Der Junge springt auf, um das Glas zum Tresen zu bringen. Leander Linnen hat unterdessen einen weiteren Löffel gezückt und tunkt ihn hinein. Als er sich den Löffel in den Mund steckt, schließt er genussvoll die Augen. Die Kinder schauen ihm gespannt dabei zu.

»Und?«, fragen sie gleichzeitig. »Und, was ist es denn nun?«

Leander Linnen lässt sich Zeit. Er wartet, bis sich der Geschmack voll und ganz entfaltet. Dann erst schlägt er die Augen auf. »Zweifellos Vanilleeis«, verkündet er und nimmt gleich noch einen Löffel. So eine kleine Nachspeise kommt jetzt gerade richtig. Die kommt eigentlich immer richtig. Eine Sekunde sagt niemand mehr etwas. Dann müssen sie alle drei laut lachen.

Als sie sich wieder beruhigt haben, verkündet das Mädchen, dass sie das Glas – wenn möglich – gerne hätten.

»Falls Sie noch mehr davon haben, würden wir das auch gleich nehmen«, fügt ihr Bruder mit einem verschmitzten Lächeln hinzu. »Nur für den Fall, dass wir nächstes Jahr wieder für den Nachtisch zuständig sind.«

14. Der besondere Gefallen

»Hallo, Herr Linnen!«

Leander Linnen blickt zur Tür und muss lachen. Wieder einmal ist es Pepe aus dem dritten Stock gelungen, sich in den Laden zu stehlen, ohne dass die Glöckchen ihn ankündigen. Es ist und bleibt ein Rätsel, wie der Junge mit den Sommersprossen das macht. Oft schaut er nach der Schule bei dem alten Mann vorbei, um mit ihm zu plaudern und den ein oder anderen Keks zu futtern. Doch heute hat er einen Auftrag. Seine Mutter hat ihn geschickt, um ein Paket abzuholen, das im Laden für sie abgegeben wurde. Natürlich bleibt es nicht dabei: Leander Linnen hat schon die Keksdose auf den Tresen gestellt. Während die beiden Anisplätzchen und Zimtsterne knabbern, erzählt Pepe, was er in den letzten Tagen erlebt hat. Und das ist jede Menge, denn der Junge ist beim Eislaufen gestürzt und hat sich einen Zahn ausgeschlagen.

»Willst du mal sehen?«

Ohne auf eine Antwort zu warten, hat er schon den Mund aufgesperrt, damit Leander Linnen die mächtige Lücke bewundern kann.

»Mama sagt, ich kann froh sein, dass es nur ein Milchzahn war«, berichtet Pepe vergnügt. »Und was gibt es bei dir Neues, Herr Linnen?«

Der alte Mann nimmt sich noch ein Anisplätzchen. »Nun, erfreulicherweise habe ich keinen Zahn verloren«, sagt er. »Lass mich mal nachdenken. Also, ich habe viel gearbeitet, meine Landkarten sortiert. Oh, und ich glaube, ich bin nun so etwas wie ein stolzer Haustierbesitzer!«

Pepe macht große Augen.

»Du *glaubst*, dass du ein Haustier hast?«

Leander Linnen nickt.

»Aber warum *weißt* du es denn nicht?«, ruft Pepe. »Ich weiß zum Beispiel ganz genau, dass ich kein Haustier habe. Dabei hätte ich echt gern eins!«

Das ist ein guter Punkt, denkt Leander Linnen und versucht es noch einmal anders. »Sagen wir mal so: Ich beherberge hier in meinem Laden zurzeit einige Tiere. Aber wie lange sie bei mir bleiben, werden sie wohl selbst entscheiden.«

Pepe fällt beinahe der Keks aus dem Mund. »Ja, aber ... wie viele Tiere sind es denn?«

»Fünf«, sagt der alte Mann. »Wenn ich richtig gezählt habe.«

Für Pepe gibt es nun kein Halten mehr.

»Das ist doch echt unfair!«, beschwert er sich. »Da gibt es Kinder, die schon mit einem einzigen kleinen Haustier zufrieden wären, aber einfach keins kriegen. Und dann sind da Erwachsene, die gar kein Haustier wollen – und ausgerechnet die kriegen dann gleich mehrere! Echt, fünf?« Er macht eine Pause und schnappt nach Luft. »Was für Tiere sind es denn?«

»Katzen«, sagt Leander Linnen.

Fassungslos schüttelt Pepe den Kopf. Katzen sind seine absoluten Lieblingstiere. (Gleich nach Tigern und Leoparden. Aber die machen sich in einer Wohnung noch schlechter.)

Leander Linnen seufzt.

»Tut mir leid«, sagt er.

»Mir auch«, gibt Pepe zurück. Er weiß natürlich, dass sein alter Freund an dieser außerordentlichen Ungerechtigkeit am allerwenigsten schuld ist.

»Magst du die Katzen vielleicht mal kennenlernen?«, fragt Leander Linnen zaghaft. »Sie wohnen dort hinten, in den Pappkartons.«

Sofort hat Pepe wieder bessere Laune. Auf leisen Sohlen, um die Tiere nicht zu stören, macht der Junge sich auf den Weg zu den Kartons. Als er vorsichtig hineinlugt, verschlägt es ihm die Sprache. Das sind ja sogar Babys! Vier süße Kätzchen, die sich an das Fell ihrer Mama kuscheln. Als Leander Linnen Pepes entzückten Gesichtsausdruck sieht, hat er eine Idee.

»Sag mal, Pepe, seid ihr über die Feiertage verreist?«

Der Junge schüttelt den Kopf.

»Heiligabend kommen Oma und Opa vorbei. Am ersten Feiertag besucht uns Papa mit seiner neuen Freundin. Und der zweite Feiertag wird geschwänzt!«

Jetzt ist es Leander Linnen, der große Augen macht.

»Oha«, macht er. »Wie schwänzt ihr denn einen Feiertag?«

Ein Grinsen schleicht sich auf Pepes Gesicht.

»Wir bestellen Pizza, machen Popcorn und gucken einen Film mit

Aliens oder Geheimagenten. Hauptsache, es kommt kein Weihnachtsmann drin vor.«

»Was du nicht sagst.« Der alte Mann nickt beeindruckt.

Pepe zuckt mit den Schultern. »Mama findet, zwei Feiertage sind eine echte Zumutung.«

Leander Linnen kratzt sich nachdenklich am Bart.

»Ich glaube, ich weiß, was sie meint. Manchmal wird es mir selbst auch ein bisschen viel.«

Pepe, der immer noch vor der Kartonhöhle hockt und die Katzen betrachtet, wirft Leander Linnen einen neugierigen Blick zu.

»Wenn du allein bist, kannst du mit uns feiern«, sagt Pepe. »Mama hat garantiert nichts dagegen. Vor allem nicht, wenn du Kekse mitbringst!« Da ist es wieder, das breite Grinsen auf Pepes Gesicht.

Leander Linnen wackelt mit dem Kopf.

»Oh«, macht er. »Leider bin ich über die Feiertage nicht hier. Deshalb habe ich überlegt, ob ich dich vielleicht um einen kleinen Gefallen bitten kann.«

»Was denn für ein Gefallen?«

»Könntest du dich, wenn ich weg bin, vielleicht um die Katzen kümmern?«

Pepe strahlt. »Klar mach ich das!«

»Großartig!« Der alte Mann lächelt. »Damit nimmst du mir meine größte Sorge.«

Pepe geht zurück zum Tresen und nimmt sich den letzten Keks aus der Dose.

»Hast du denn noch mehr?«

»Kekse?«

»Nein, Sorgen!«

Der alte Mann schüttelt entschieden den Kopf.

»Nein«, sagt er und setzt den Deckel auf die leere Dose. »Ich kann guten Gewissens behaupten, dass ich ein durch und durch sorgenfreier Mann bin.«

Pepe nickt. Und dann fragt er, wie die Katzen heißen.

»Wenn ich mich um sie kümmere, sollte ich das schon wissen.«

Der alte Mann verzieht den Mund. »Ehrlich gesagt, bin ich noch nicht dazu gekommen, mir passende Namen zu überlegen.«

Genau das hatte Pepe gehofft. Denn zufälligerweise hat er ein paar ganz ausgezeichnete Namen auf Lager. Die hat er sich vorsorglich überlegt – für den Fall, dass er irgendwann doch noch ein eigenes Haustier bekommt.

»Ruby, Trixi, Mimi, Karlchen und Flo«, leiert er so schnell herunter, dass Leander Linnen nur noch staunen kann.

»Das sind wirklich tolle Namen«, findet er. »Bist du dir sicher, dass du die einfach so verschenken willst?«

Pepe zuckt mit den Schultern.

»Mir fallen sowieso ständig neue ein.«

Und damit ist es beschlossene Sache.

Während Ruby, Trixi, Mimi, Karlchen und Flo leise schnurren, kramt Leander Linnen zur Feier des Tages noch eine weitere Keksdose hervor. Außerdem gibt es Limonade. Denn die beiden Freunde müssen gleich auf mehrere Dinge anstoßen: Die Katzen haben endlich Namen. Und Leander Linnen weiß sie gut versorgt. Und Pepe, der hat nun »fast eigene« Haustiere. Denn genau genommen wohnen sie ja alle unter ein und demselben Dach.

15. Der löchrige Stiefel

Der ältere Herr, der da in der Tür des kleinen Ladens steht, könnte Leander Linnens Bruder sein. Die beiden haben die gleichen dunklen Augen mit zahlreichen Fältchen drum herum. Sie haben auch beide einen beeindruckenden Vollbart – der eine weiß, der andere grau. Ein Unterschied ist allerdings, dass der Kunde im Besitz eines dicken Wollschals ist, den er sich adrett um den Hals geschlungen hat. Leander Linnen ist zugegebenermaßen etwas neidisch.

»Ist das kalt geworden!«

Der Kunde reibt sich bibbernd die Hände. Leander Linnen wirft einen Blick nach draußen und bemerkt erst jetzt die Eiszapfen, die von der Regenrinne herabhängen. Das Licht der Straßenlaterne lässt sie wie Kristalle leuchten. Leander Linnen muss an seine letzte Reise denken, an die verschneiten Bergspitzen der Alpen. Und wie sie geradezu glühen, wenn die Sonne untergeht.

»Gehe ich recht in der Annahme, dass Sie sich mit Geschenken auskennen?«, reißt der Herr Leander Linnen aus seinen Gedanken.

»Wie ... wie kommen Sie denn darauf?«

Der Herr zuckt mit den Schultern.

»Wahrscheinlich wegen all des wunderlichen Krams, den Sie hier anbieten. Den kauft doch keiner für sich selbst.«

Leander Linnen ist sich nicht sicher, wie er den Satz verstehen soll. Ist das eine Beleidigung? Ein Kompliment? Oder beides?

»Außerdem sind da diese unzähligen Rollen Geschenkpapier.« Der Herr deutet mit dem Kopf in Richtung Hinterzimmer. Leander Linnen folgt seinem Blick. Tatsächlich, sein gesamter Vorrat ist von hier aus gut zu sehen. Rotes Papier mit grünen Bäumchen, grünes Papier mit goldenen Sternen und goldenes Papier mit roten Weihnachtsmützen. (Das mag er am liebsten.)

Schnell schließt Leander Linnen die Tür mit dem Fuß. Er lagert das Papier ja aus gutem Grund nicht hier vorne im Verkaufsraum.

Der Herr runzelt die Stirn.

»Wie auch immer«, sagt er und löst den Knoten seines Schals. Langsam beginnt er zu schwitzen. »Ich brauche dringend den Rat eines Geschenkeprofis. Und da niemand sonst anwesend ist, würden Sie mir einen großen Gefallen tun, wenn ich jetzt einfach mal davon ausgehen dürfte, dass Sie einer sind.«

»Ein Geschenkeprofi«, wiederholt Leander Linnen, um sicherzugehen, dass er den Herrn richtig verstanden hat.

»Ganz genau.«

»In Ordnung«, sagt Leander Linnen nickend. »In Ordnung. Ich gebe mein Bestes.«

Erleichtert lässt sich der Herr auf den Ohrensessel sinken und beginnt zu erzählen.

»Also, die Situation ist folgende: Ich habe drei Töchter, die in ganz Europa verteilt wohnen. Die älteste wohnt in Schweden, die mittlere in der Slowakei und die jüngste ist gerade nach Italien gezogen. Und alle drei haben mich zu Weihnachten zu sich nach Hause eingeladen.«

»Oh«, macht Leander Linnen. »Das ist aber schön.«

»Schön schwierig«, seufzt der Herr. »In drei Tagen schaffe ich es doch niemals von Göteborg nach Bratislava und dann weiter nach Rom. Ich meine, ich ... ich bin doch nicht der Weihnachtsmann!«

»Da ist was dran«, murmelt Leander Linnen.

Der Herr ereifert sich immer mehr.

»Was soll ich da denn machen? Ich habe nun mal keinen Superschlitten mit einem Dutzend Rentiere, die mich mal eben vom Nordpol zum Südpol bringen.«

»Neun«, murmelt Leander Linnen.

»Wie bitte?«

»Es sind neun Rentiere«, sagt er hüstelnd. »Ich muss allerdings zugeben, dass ich noch nicht ganz verstanden habe, was das mit mir als ... äh ... wie nannten Sie es ... Geschenkeprofi zu tun hat?«

»Oh pardon.« Der Herr seufzt. »Ich dachte, das erklärt sich von selbst. Also, da ich unmöglich zu all meinen Töchtern fahren kann, habe ich beschlossen, keine zu besuchen. Ich will niemanden vorziehen! Tja, und deshalb brauche ich nun jeweils ein Geschenk, das ich ihnen schicken kann.« Der Herr sieht Leander Linnen fragend an. »Hier kommen Sie als Profi ins Spiel. Was von den Dingen, die Sie verkaufen, sagt: *Ich vermisse euch?*«

Der Herr lehnt sich im Sessel zurück und schließt für einen Moment die Augen. Offenbar haben ihn die Ausführungen viel Kraft gekostet.

»Wie wäre es, wenn Sie Ihren Töchtern jeweils einen Brief schicken?«, schlägt Leander Linnen vor.

Der Herr wirkt nicht überzeugt.

»So ein Brief ist doch nichts Besonderes«, meint er und winkt ab.

Leander Linnen ist anderer Ansicht. Es kommt schließlich auf die Worte an! Aber wenn er eines gelernt hat, dann das: Es bringt nichts, Menschen zu irgendetwas zu überreden. Oder ihnen vorgefertigte Antworten zu präsentieren. Genau deshalb hält er sich mit Ratschlägen eigentlich zurück. Warum hat er sich in diesem Fall überhaupt dazu hinreißen lassen? Vielleicht, weil er müde ist. Mindestens so müde wie der Herr dort in seinem Sessel. Höchste Zeit für den Feierabend.

»Wissen Sie, was ich Ihnen als Geschenkeprofi wirklich empfehlen würde?«

»Was?«

Der Herr sieht Leander Linnen aufmerksam an.

»Dass Sie einmal in Ruhe bei mir stöbern. Ich bin mir sicher, dann finden Sie genau das Richtige für Ihre Töchter.«

»Etwas, das sagt: *Ich vermisse euch*?«

»Und noch viel mehr.«

Der Herr ist immer noch skeptisch. Er bedauert längst, dass er früher sowohl die Auswahl als auch das Besorgen sämtlicher Geschenke stets seiner Frau überlassen hat. Wenn er sich mit darum gekümmert hätte, wäre er nun bestimmt nicht so ratlos. Oder ist das nur eine faule Ausrede? Er ist sich nicht sicher. Jedenfalls steht fest, dass er nichts zu verlieren hat. Deshalb tut er, was Leander Linnen ihm geraten hat: Er beginnt, sich zwischen den Regalen umzusehen – wenn auch ziemlich lustlos. Fast will er den Laden schon wieder verlassen, da passiert es: Ein schwarzes Etwas kreuzt seinen Weg, schnell wie der Blitz.

»Hoppla!«

Erschrocken macht der Herr einen Satz zur Seite. Dann erst erkennt er, dass es sich um eine Katze handelt – und muss lächeln. Nachdem die Katze zuerst wie wild durch den Laden geprescht ist, um auf sich aufmerksam zu machen, schleicht sie nun langsam um die Ecke und sieht über ihre Schulter – um sich zu vergewissern, dass der Herr ihr auch folgt. Und das tut er, denn er hat etwas übrig für Katzen. Doch kaum ist er in die Knie gegangen, um das Tier zu sich zu locken, springt es mauzend ins Regal und verschwindet im Durcheinander. Dabei fällt ein Stiefel zu Boden.

»Hoppla!«, macht der Herr noch einmal und hebt den Stiefel auf.

Es ist ein Cowboystiefel. Komplett mit Ziernaht, Absatz und ... Loch in der Sohle.

»Wo kommt der denn hin?«, fragt der Herr und hält den Stiefel fragend in die Luft.

Leander Linnen macht große Augen.

»Oha«, murmelt er. »Das gute Stück habe ich ja lange nicht mehr gesehen! Interessant, dass er sich ausgerechnet jetzt zeigt. Äußerst interessant.«

»Soll ich den Stiefel einfach hier ins Regal stellen?«, fragt sein Kunde hilfsbereit. »Da ist auch der zweite.«

Leander Linnen beginnt, aufgeregt mit dem Kopf zu wackeln.

»Tatsächlich!«, sagt er. »Der zweite ist auch da. Na, wenn das nichts heißen will.«

Der Herr – den Stiefel immer noch in der Hand – sieht Leander Linnen irritiert an.

»Ich glaube, ich verstehe nicht … was will das heißen, wenn ich fragen darf?«

Leander Linnen lächelt.

»Vermutlich heißt es, dass Sie den Stiefel anprobieren sollten. Oder besser noch, gleich alle zwei.«

»Aber ... ich suche doch was für meine Töchter!«

»Eben drum«, meint Leander Linnen nur.

Da gibt sich der Herr einen Ruck und zieht die Stiefel an, erst den rechten, dann den linken. Und siehe da: Sie passen wie angegossen.

»Bitte«, sagt Leander Linnen. »Bitte passen Sie auf, wohin Sie damit –«

Er bricht ab, denn der Herr, der sich eben noch am anderen Ende des Ladens befand, steht den Bruchteil einer Sekunde später schon direkt vor seinem Tresen.

»Nanu«, macht er verdutzt. »Wie komm ich denn jetzt so schnell hierher? Ich habe doch nur einen Schritt gemacht!«

Leander Linnen lächelt.

»Wenn Sie mich fragen, ist das nicht weiter verwunderlich. Die Stiefel tragen Sie, so weit Sie es eben brauchen. Ich nehme an, gerade wollten Sie zur Kasse?«

Der Herr nickt langsam.

»Tja, dann waren Sie mit einem Schritt hier bei der Kasse. Wenn Sie wollen, machen Sie noch einen Schritt und sind in Rom. Oder in Bratislava. Oder Stockholm.«

»Sie meinen Göteborg –«

»Das auch!«

»Aber ... wollen Sie damit sagen, dass ich gerade echte Sieben-Meilen-Stiefel trage, wie aus dem Märchen?«

Leander Linnen schüttelt entschieden den Kopf.

»Nun, sieben Meilen waren das eben wohl kaum. Höchstens vier Meter.« Er macht eine kleine Pause. »Und ich würde behaupten, bis nach Rom sind es sogar noch ein paar Meilen mehr als sieben.« Er macht eine kleine Pause. »Das gilt natürlich auch für Bratislava und –«

»Göteborg.«

»Ganz richtig.«

Erst jetzt hat der Herr voll und ganz begriffen, was das bedeutet. »Dann kann ich meine Töchter an Weihnachten ja doch alle besuchen«, ruft er und macht vor lauter Freude einen Hüpfer, der ihn fast bis zur Ladendecke befördert. Als er wieder festen Boden unter den Füßen hat, fügt er nachdenklich hinzu: »Nur ein Geschenk habe ich immer noch nicht.«

Leander Linnen grinst.

»Ach was! Das Geschenk sind doch Sie!«

16. Der falsche Name

Leander Linnen will den Laden gerade absperren, da steht Jasmin vor der Tür. Wieder einmal hat die Paketbotin schwer zu schleppen. In ihren Armen stapeln sich die Päckchen zu einem hohen Turm. Wegen eines besonders langen und sperrigen Pakets – was da wohl drin ist, ein Besen, ein Baum? – kann sie den Laden nur seitwärts betreten.

»Hallo Leander«, keucht Jasmin, geht in die Knie und lässt die komplette Ladung vorsichtig auf den Ohrensessel gleiten. Als sie sich wieder aufrichtet, wirft sie ihm einen entschuldigenden Blick zu.

»Leider ist wieder nichts für dich dabei!«

»Oh, da bin ich aber erleichtert«, murmelt der alte Mann. »Ich hatte schon befürchtet, dass ich das ganze Zeug auspacken soll. Ich packe viel lieber ein, weißt du.«

Jasmin zieht ihre Nase kraus.

»Echt wahr? Du packst lieber Geschenke ein als aus?«

Leander Linnen nickt.

»Wirklich?«

»Ich schwöre.«

Beinahe feierlich hebt Leander Linnen Daumen, Zeige- und Mittelfinger in die Luft, woraufhin Jasmin laut lachen muss.

»Dann bin ich ja beruhigt«, sagt sie. »Wenn du so freundlich wärst, mir die Annahme einmal zu quittieren? Ist alles für deine Nachbarn. Und von denen ist mal wieder keiner zu Hause.«

Jasmin hält Leander Linnen ihr kleines Gerät unter die Nase. Er will gerade auf dem Display unterschreiben, als die Klappe der Kuckucksuhr an der Wand auffliegt. Ein kleiner Vogel mit Weihnachtsmütze auf dem Köpfchen schnellt heraus.

»Kuckuck!«, macht er aufgeregt. »Kuckuck! Kuckuck!«

Leander Linnen zuckt zusammen. Und das ist auch kein Wunder. Der Kuckuck ist höchst eigenwillig, er meldet sich nur alle Lichtjahre einmal – meist fünf Minuten zu spät und immer viel zu laut. Dafür hört das Tier, wenn es einmal zu rufen begonnen hat, nicht mehr damit auf. Schnell unterschreibt Leander Linnen auf dem Gerät der Paketbotin, dann steigt er auf seinen Hocker, um den Kuckuck vorsichtig zurück in sein Haus zu schieben.

»Für dich ist jetzt auch Feierabend«, murmelt er.

Im gleichen Moment prustet Jasmin los.

Leander Linnen versteht nicht. So amüsant ist der eifrige Vogel doch auch wieder nicht. Oder hat er vielleicht einen Riss hinten in der Hose? Das wäre ihm äußerst unangenehm. Leander Linnen springt mit einem gewagten Satz von seinem Hocker. Nach der Landung tastet er seinen Hosenboden ab. Doch der scheint unversehrt. Jasmin lacht immer noch.

»Ich wusste gar nicht, was für ein Scherzkeks du bist!«, bringt sie heraus.

Leander Linnen runzelt die Stirn. Er versteht nicht.

Da hält Jasmin ihm schon wieder ihr Paketbotinnen-Gerät unter die Nase. Und jetzt sieht Leander Linnen auch, was die junge Frau so erheitert. Das ist doch nicht zu glauben: Er hat, abgelenkt wie er war, doch tatsächlich mit WEIHNACHTSMANN unterschrieben. Zwar äußerst krakelig, aber doch zu entziffern. Weihnachtsmann! Leander Linnen errötet. Da wäre ihm eine kaputte Hose eindeutig lieber.

»Das können wir aber leider nicht so stehen lassen. Da krieg ich Ärger«, sagt Jasmin, nachdem sie sich einigermaßen beruhigt hat. Sie drückt auf eine Taste neben dem Display und – wusch – schon ist der Name verschwunden. Leander Linnen atmet erleichtert aus.

»So, jetzt bitte noch einmal«, fordert Jasmin ihn mit einem Augenzwinkern auf. »Aber bitte richtig! Nicht dass du mir da gleich noch OSTERHASE hinschreibst.«

Leander Linnen tut, wie geheißen. Dann verschwindet er für einen Moment im Hinterzimmer, um sich erstens zu sammeln und zweitens einen Tee aufzusetzen.

Als Leander Linnen kurz darauf mit zwei dampfenden Tassen zum Tresen zurückkehrt, verkündet Jasmin fröhlich: »Ich habe übrigens noch ein Hühnchen mit dir zu rupfen!«

Der Mann verzieht den Mund. Er kann nur hoffen, dass dieses Hühnchen nichts mit dem unangenehmen Vorfall von vorhin zu tun hat.

»Jetzt guck doch nicht so erschrocken.« Jasmin nimmt die Teetasse in beide Hände und pustet vorsichtig hinein. Als sie den Blick wieder hebt, gibt sie sich alle Mühe, möglichst vorwurfsvoll auszusehen. »Du hast mir letztes Mal heimlich was in die Tasche gesteckt!«

»Oh«, macht Leander Linnen erleichtert. »Du meinst die Spieluhr.«

»Ja, was denn sonst?« Jasmin seufzt. »Leander, so geht das wirklich nicht. Ich hoffe, du machst das nicht mit allen Kunden so. Du hast mir ja nicht einmal die Gelegenheit gegeben, für das wunderbare Ding zu zahlen.«

Leander Linnen zuckt nur mit den Schultern. Was soll er machen? Er kann Jasmin wohl kaum sagen, dass es ihm in seinem kleinen Laden nicht ums Geldverdienen geht. Das wäre verdächtig.

»Schwamm drüber«, sagt Jasmin großzügig. »Sag mal, hast du eigentlich deinen Schal wieder gefunden?«

Leander Linnens Augen beginnen zu strahlen.

»Oh ja«, ruft er. »Das habe ich. Das habe ich in der Tat.«

»Na, dann bin ich ja beruhigt«, sagt Jasmin und nimmt einen Schluck Tee. »Nicht dass du dich verkühlst. Das geht schneller, als man denkt.«

»Ähm –«, setzt Leander Linnen an.

»Ähm – was?«, fragt Jasmin.

»Nun ja, die Sache ist die: Ich habe den Schal verschenkt.«

»Verschenkt?«

Jasmin setzt ihre Tasse so heftig auf dem Tresen ab, dass Tee herausschwappt.

»Leander, Leander«, sie schüttelt den Kopf. »Wo soll das mit dir nur hinführen?«

Das könnte er Jasmin ziemlich genau sagen. Aber klug wäre es nicht. Er beschließt, seine Freundin mit ein paar Anisplätzchen abzulenken. Und hat damit wie immer Erfolg. Sie plaudern noch ein bisschen über dieses (das Wetter) und jenes (was es zum Abendessen gibt) und dann steht Jasmin auf, um sich zu verabschieden.

»Ich werfe deinen Nachbarn draußen schnell noch Benachrichtigungen in die Briefkästen«, verkündet sie. »Damit sie wissen, bei wem sie ihre Pakete abholen können.«

Leander Linnen nickt. Da fällt ihm noch etwas ein.

»Oh, kannst du bitte dazuschreiben, dass ich ab Heiligabend kurz verreist bin? Nicht dass jemand vor verschlossener Tür steht.«

»Wird erledigt.« Dann fällt auch Jasmin noch etwas ein. »Sag mal, letztes Jahr bist du auch am 24. Dezember abgezwitschert, oder?« Leander Linnen nickt.

»Und im Jahr davor auch.«

Leander Linnen nickt wieder.

»Und im Jahr *davor* habe ich zwar hier im Bezirk noch keine Pakete ausgeliefert. Aber ich wette, da bist du auch genau an dem Tag verreist.«

Leander Linnen verlagert sein Gewicht von einem Fuß auf den anderen.

»Kann schon sein«, murmelt er. »Ist das denn wichtig?«

»Nö.« Die Paketbotin schüttelt den Kopf. »Wichtig nicht gerade ...«

Sie bricht ab. Einen Moment lang steht Jasmin regungslos da, nur ihre Augen gleiten durch den Raum – vom Weihnachtsbaum im Schaufenster zum Adventskranz auf dem Tresen, zu Leander Linnens imposantem Rauschebart. Als würde sie etwas suchen.

»Ich ... ich habe nur gerade überlegt, ob du vielleicht –«

»Ob ich vielleicht was?«

Die Paketbotin winkt ab.

»Egal«, sie lacht kurz auf. »Und wahrscheinlich auch völliger Blödsinn, ich bin einfach total überarbeitet.«

Mit diesen Worten drückt Jasmin die Tür auf und ist nach einem letzten Gruß auch schon in der Dunkelheit verschwunden.

17. Das duftende Öl

Leander Linnen fällt vor Schreck fast von seinem Hocker, so rasant stürmt dieser blonde Junge in seinen Laden. Auch die silbernen Glöckchen über der Tür kommen mit ihrem Klingeling gar nicht hinterher. Allerdings würde der Junge sie wahrscheinlich so oder so übertönen.

»Die Wäscherei hat zu!«, ruft er und wedelt aufgeregt mit einem hellgrünen Abholschein in der Luft herum. Kurz vor dem Tresen stoppt er ab und streicht sich mit der Hand über die Stirn.

»Ach ja?«, fragt Leander Linnen. Er gibt sein Bestes, sich nicht anmerken zu lassen, dass er mit der Information nicht sonderlich viel anzufangen weiß. Um nicht zu sagen: gar nichts.

»Auf dem Zettel an der Tür steht, die Wäscherei macht erst nach den Feiertagen wieder auf!« Der Junge schüttelt fassungslos den Kopf.

»Hm«, macht Leander Linnen. »Das kann schon sein.«

»Aber das darf nicht sein!«, ruft der Junge.

»Und warum nicht?«

Der Junge seufzt schwer.

»Weil meine Eltern gesagt haben, dass ich für die Tischdecken zuständig bin«, sagt er leise. »Deshalb.«

Auf einmal bricht alles aus ihm heraus. Dass er in seiner Familie als Trödler bekannt ist, den man an alles erinnern muss. Und dass er jetzt endlich einmal beweisen wollte, dass auf ihn Verlass ist.

»Mama hat die Tischdecken vor einer Woche dort abgegeben«, sagt er. »Zum Waschen und Bügeln. Und Mami hat gefragt, ob ich sie rechtzeitig abholen kann. Da hab ich Ja gesagt. Weil das ja eigentlich keine große Sache ist. Aber jetzt bin ich doch zu spät, weil Alessia ein neues Computerspiel bekommen hat und wir noch den Endgegner erledigen wollten und –« Er bricht ab. »Auf jeden Fall ist das mal wieder typisch.« Der Junge hat die Hände zu Fäusten geballt, so wütend ist er über sich selbst.

Leander Linnen nickt mitfühlend.

»Jetzt hab ich Heiligabend verdorben. Wo doch alles perfekt sein soll!«

»Oha«, macht Leander Linnen. »Wer sagt denn das?«

Der Junge sieht verdutzt auf.

»Na, alle!«

»Hm«, macht Leander Linnen, der dazu eine andere Meinung hat. Allein aus beruflichen Gründen.

»Was ist schon perfekt?«, fragt er. »Ich meine, nehmen wir zum Beispiel Eier. Für mich ist ein perfektes Ei ein Fünf-Minuten-Ei.«

»Ihh!« Der Junge schüttelt sich. »Dann ist das Gelbe doch noch ganz flüssig.«

»Siehst du?«, ruft Leander Linnen. »Genau das meine ich.«

Der Junge legt den Kopf schief.

»Ich verstehe schon, worauf Sie hinauswollen. Aber verkleckerte

Tischdecken mag ja wohl keiner! Davon mal abgesehen, haben wir ja nicht mal die! Mama und Mami werden wahnsinnig, wenn wir an Heiligabend ohne Tischdecke dasitzen. Ich meine, das ist doch das Fest der Feste!«

Leander Linnen zuckt mit den Schultern.

»Ach«, murmelt er. »Es gibt so viele schöne Feste, das Weihnachtsfest, das Ramadanfest, Chanukka und noch jede Menge mehr. Alle haben was für sich.« Er macht eine kleine Pause. »Und leckeres Essen gibt es eigentlich immer.«

»Klar, aber wo wird das serviert?«, fragt der Junge und schiebt die Antwort gleich hinterher. »An einem schön gedeckten Tisch! Und dazu gehört eine Tischdecke! Und das gute Geschirr! Und poliertes Besteck! Und liebevoll gefaltete Servietten!«

»Klingt nach viel Arbeit«, murmelt Leander Linnen.

»Das ist es auch«, sagt der Junge. »Jedenfalls sind meine Eltern danach immer ziemlich fertig mit den Nerven. Deshalb wollte ich ihnen ja helfen. Aber jetzt habe ich alles nur noch viel schlimmer gemacht!« Er hält kurz inne, dann beginnen seine Augen zu leuchten. »Es sei denn, Sie verkaufen vielleicht auch Tischdecken?«

»Stell dir mal vor«, ruft Leander Linnen. »Ich verkaufe nicht nur Tischdecken! Ich verkaufe sogar ganze Tische!« Er deutet auf ein hübsches Exemplar mit gedrechselten Beinen. Der Junge runzelt die Stirn. Er ist sich unsicher, ob der alte Mann ihn veräppeln will, und beschließt, zum eigentlichen Thema zurückzukommen.

»Also, wo ... äh ... wo finde ich denn nun die Tischdecken?«

»Das wiederum«, beginnt Leander Linnen und wackelt mit dem Kopf, »kann ich dir nicht so genau sagen. Ich vermute mal, dort hinten, bei den Vasen, Flaschen und Hüten.«

Mit einem Nicken verschwindet der Junge zwischen den Regalen.

»Ich verstehe echt nicht, wie Sie so gelassen sein können«, ruft er, während er sich gründlich umsieht. »Ich meine, es ist immerhin Weihnachten! Das ist nur einmal im Jahr.«

»Eben drum«, gibt Leander Linnen zurück.

»Aber bereiten Sie denn gar nichts vor?«

Beinahe muss Leander Linnen lachen.

»Doch, doch«, sagt er. »Ich habe auch so meine Dinge zu tun in dieser Zeit.«

Der Junge linst hinter einem Regal hervor. »Sind Sie sicher, dass es hier Tischdecken gibt? Ich finde keine! Nicht dass ich hier umsonst suche. Oh!«, macht er plötzlich. »Was ist denn das?« Er hält ein filigranes Fläschchen in die Luft.

»Jedenfalls keine Tischdecke«, murmelt Leander Linnen, der auf einmal schrecklich müde ist. Außerdem ist da wieder dieses Zwicken in seinem Rücken. Vielleicht, denkt er, vielleicht wird er langsam zu alt für seinen Job. Vielleicht sollte er sich Unterstützung suchen.

»Sieht ja toll aus!«

Der Junge hält die kleine Flasche gegen das Licht der Deckenlampe und schüttelt sie. Darin schwappt eine lilafarbene Flüssigkeit. Im nächsten Moment hat er auch schon den Stopfen von der Flasche gezogen und schnuppert daran.

»Oh«, macht er. »Riecht nach Lavendel! Ist das Badeöl?«

Leander Linnen nickt. Er hat das Öl bei einer seiner vielen Reisen durch Frankreich geschenkt bekommen.

Das Fläschchen immer noch dicht unter der Nase, atmet der Junge tief ein und aus.

Leander Linnen merkt die Verwandlung, die in ihm vorgeht, und auf einmal fällt es ihm wie Schuppen von den Augen. Natürlich, denkt er. Darum ging es die ganze Zeit. Nicht um ein perfektes Fest. Sondern um ein entspanntes Fest.

Auf einmal hat auch er neue Energie. Um zu überprüfen, ob seine Vermutung stimmt, steht er auf, geht zur Kommode und zieht schwungvoll einen ganzen Stapel Tischdecken aus einer Schublade.

»Was ist das denn?«, fragt der Junge, der schon vergessen hat, wonach er die ganze Zeit so ungeduldig gesucht hat.

»Na, was wohl! Tischdecken!« Leander Linnen schmunzelt in seinen Bart. »Gewaschen und gebügelt. Die wolltest du doch.«

Der Junge blickt von den Tischdecken zu der Flasche in seiner Hand und wieder zurück. »Ich glaube«, sagt er schließlich, »ich nehme lieber das Badeöl. Das schenk ich meinen Eltern.«

Leander Linnen will es jetzt wirklich wissen.

»Du kannst gern beides haben«, sagt er und hält dem Jungen die oberste Tischdecke hin. Es ist ein elegantes Exemplar mit weißer Spitze. Doch der Junge macht beinahe erschrocken einen Schritt zurück.

»Nein danke!« Er lächelt jetzt. »Wissen Sie was? Ich zeig meiner Familie dieses Jahr einfach mal, wie es anders geht.«

»Wie, anders?«, fragt Leander Linnen.

»Na, anstatt vor der Bescherung stundenlang den Tisch zu dekorieren, nehmen wir alle nacheinander ein schönes heißes Bad. Und entspannen uns!« Er klingt fest entschlossen. »Mal sehen, was Mama und Mami dazu sagen.«

Zufrieden legt Leander Linnen die Tischdecken zurück in die Schublade.

»Ich bin mir sicher, es wird den beiden sehr gefallen.«

18. Das verhedderte Wollknäuel

Leander Linnen wundert sich. Dort draußen vor seinem Laden steht jemand, die Klinke schon seit Minuten in der Hand. Aber das Kuriose ist: Dieser Jemand kommt einfach nicht herein.

Leander Linnen winkt freundlich durch die Scheibe, aber nichts tut sich. Der alte Mann beschließt zu warten. In manchen Fällen ist es einfach das Beste, sich eine Weile in Geduld zu üben. Er zieht das golden eingeschlagene Buch unter dem Tresen hervor und tut so, als würde er darin schmökern. In Wahrheit aber interessiert es ihn kein bisschen, was in dem Buch steht. Viel lieber wäre ihm, dass gleich die Tür aufgeht.

Klingeling, Klingeling! Na endlich! Als Leander Linnen aufsieht, blickt er in die Augen einer Frau. Sie ist mindestens so alt wie Leander Linnen selbst, wenn nicht noch älter, aber sie sieht um einiges fitter aus. Geradezu sportlich, mit ihren kurz geschnittenen grauen Haaren und den strahlend weißen Turnschuhen. Dazu passt gar nicht recht, dass die Frau so lange gezögert hat, den Laden zu betreten.

»Guten Tag«, sagt Leander Linnen. »Kann ich Ihnen helfen?«

»Ich hoffe es«, sagt die Frau. »Ich hoffe es wirklich sehr. Wobei ich zugeben muss, dass mir die ganze Angelegenheit äußerst peinlich ist. Beinahe wäre ich wieder umgekehrt.«

»Ich freue mich, dass Sie es nicht getan haben«, sagt Leander Linnen.

Die Frau sieht ihn verdutzt an.

»Aber Sie wissen doch noch gar nicht, worum es geht!«

»Genau deshalb freue ich mich ja.« Der alte Mann lacht. »Weil ich schrecklich neugierig bin. Und ich hoffe, dass Sie es mir gleich verraten werden.«

Die Frau blickt über ihre Schulter, als wolle sie sich vergewissern, dass da niemand sonst ist.

»Okay«, sagt sie leise. »Sie haben es so gewollt. Also, die Sache ist die: Ich habe eine Wette verloren.« Ihre Wangen färben sich rot, als sie das sagt.

»Es ist ihnen peinlich, dass Sie eine Wette verloren haben?«

Die Frau nickt.

»Aber ... liegt das nicht in der Natur der Sache?«, fragt Leander Linnen. »Bei Wetten gibt es nun mal immer einen Verlierer ... oder eine Verliererin.«

»Aber die bin normalerweise nicht ich!«

Leander Linnen kratzt sich ratlos am Bart. Er versteht nicht ganz, was das mit ihm und seinem Laden zu tun hat. Schließlich ist das hier kein Wettbüro.

»Mein Problem ist der Wetteinsatz«, erklärt die Frau. »Weil ich verloren habe, muss ich meiner besten Freundin einen Weihnachtspullover stricken.«

Leander Linnen versteht immer noch nicht. Was bitte ist denn ein Weihnachtspullover? Er blickt an sich herunter, auf den grünen Wollpulli, der sich über seinen runden Bauch spannt.

»Ja, ungefähr so ein Teil«, sagt die Frau. »Besser wäre es noch mit einem Weihnachtsmann vorne drauf. Oder einem Rentier. Und mindestens einer Schneeflocke.«

»Oha«, macht Leander Linnen. »Klingt schwierig.«

Die Frau nickt.

»Das ist es auch. Vor allem wird es das, wenn man gar nicht stricken kann.«

Leander Linnen runzelt die Stirn.

»Ich weiß, ich weiß.« Die Frau winkt ab. »Jetzt fragen Sie sich, warum ich dann überhaupt um so etwas Blödes wette. Und das kann ich Ihnen sagen. Weil ich mir zu 100 Prozent sicher war, dass ich gewinne! Weil ich bis jetzt immer gewonnen habe! Und ich wette wirklich viel. Seit Jahrzehnten.«

Das glaubt Leander Linnen sofort.

»Leider verkaufe ich keine Weihnachtspullover«, sagt er. »Falls es das ist, wonach Sie hier suchen.«

Die Frau macht ein enttäuschtes Gesicht.

»Ich hatte es schon fast befürchtet«, sagt sie. »Dabei waren Sie so was wie meine letzte Hoffnung. In den anderen Läden sind die Dinger restlos ausverkauft.« Sie beginnt, in ihrer Handtasche zu kramen. »In meiner Verzweiflung habe ich sogar schon versucht, mir das Stricken mit einem Video aus dem Internet beizubringen. Schauen Sie, hier!«

Die Frau zieht einen grünen Wust aus ihrer Tasche. Es handelt sich um ein hoffnungslos verknotetes Strickzeug, etwa so groß wie ein Topflappen. Eine einsame Stricknadel steckt darin. Da hellt sich das Gesicht der Frau plötzlich auf, offenbar ist ihr etwas eingefallen. »Sie können nicht zufällig stricken, oder?«, fragt sie. »Sonst könnte ich mich für Sie hinter den Tresen stellen und kassieren, während Sie in der Zeit mal eben schnell –«

»Leider nein.« Leander Linnen schüttelt den Kopf. Er kann vieles, aber Stricken gehört nicht dazu. Wobei er sich das ausgesprochen schön vorstellt. Abends vorm Ofen, mit einer schnurrenden Katze auf dem Schoß ... vielleicht wäre das was für seinen Ruhestand.

»Ich bin dafür einfach zu ungeduldig.« Seufzend schiebt die Frau das Strickmissgeschick zurück in ihre Tasche. »Wie auch immer, ich geh dann mal wieder. Wenn ich Sie vielleicht noch darum bitten darf, das Ganze für sich zu behalten?«

»Wie meinen Sie das?«, fragt Leander Linnen, der sich nicht sicher ist, worauf die Frau hinauswill.

Wieder senkt sie ihre Stimme.

»Na, dass ich eine Wette verloren habe! Wissen Sie, ich habe einen Ruf zu verlieren.«

Leander Linnen nickt.

»Ich verspreche hoch und heilig: Meine Lippen sind versiegelt.«

Zufrieden wendet sich die Frau zum Gehen – einer plötzlichen Eingebung folgend, dreht sie noch eine schnelle Runde durch den Laden. Als sie schließlich auf dem Weg nach draußen versehentlich den Pappkarton streift, in dem neuerdings eine Katzenfamilie zu Hause ist, rollt ihr ein rotes, rundes Ding vor die Füße. »Was haben wir hier?«, fragt die Frau und bückt sich nach dem Ding. Bei näherer Betrachtung stellt es sich als ziemlich verheddertes Wollknäuel heraus. »Wo kommt das denn her?«

Leander Linnen zieht die buschigen Augenbrauen nach oben.

»Oh, ich nehme an, damit hat die Katze gespielt.«

»Dann leg ich es mal zurück in den Karton«, sagt die Frau. »Ich wickle nur den Faden wieder auf.«

Doch dabei stellt sie sich so ungeschickt an, dass sie den Faden nicht auf-, sondern abwickelt. Und es ist höchst merkwürdig: Während der Faden so von ihrer einen zur anderen Hand wandert, scheint er eine Art Eigenleben zu entwickeln. Der Faden tänzelt um ihre Finger herum, windet sich zu kleinen Schlingen, die sich mit anderen Schlingen verbinden ... und nun wird auch die Strickerei der Frau lebendig. Zunächst etwas schüchtern, windet sich der grüne Faden aus ihrer Handtasche, findet sich mit dem roten zusammen, bis sie gemeinsam einen Tanz aufführen, eng umschlungen. Ehe die Frau sich versieht, hält sie kein Wollknäuel mehr in der Hand. Sondern einen leuchtend roten Pullover – mit stattlichem Tannenbaum auf der Vorderseite. Fassungslos blickt die Frau auf das Kleidungsstück.

»A-aber ... was ist denn jetzt passiert?«

Leander Linnen zuckt mit den Schultern. Er muss zugeben, dass er die eigenwillige Wolle

selbst ganz gut hätte gebrauchen können. Dann hätte er jetzt ein Problem weniger. Und einen Schal mehr. Aber die Frau strahlt über beide Ohren, dass er ihr die Freude aus ganzem Herzen gönnt.

»Wie es aussieht, können Sie doch stricken«, sagt er. »Wenn Sie nur die Nadeln weglassen!«

»Ja, aber das ist doch nicht möglich!«, ruft die Frau.

Leander Linnen grinst.

»Wollen wir wetten?«

19. Das staubige Buch

Leander Linnen hat verschlafen! So hastig hat er wohl noch nie gefrühstückt. Er verbrennt sich am Kaffee, schlingt ein halbes Hörnchen hinunter, dann eilt er auch schon nach draußen, um die Tiere zu versorgen. Als er kurz darauf endlich seinen Laden aufsperrt, steht schon jemand davor und wartet. Es ist ein Mädchen, vielleicht zehn Jahre alt. Obwohl es eine dicke Jacke trägt, macht es einen verfrorenen Eindruck. Seine Stupsnase ist ganz rot.

»Wartest du schon lange?«, fragt Leander Linnen besorgt.

Das Mädchen nickt.

»Tut mir leid«, murmelt Leander Linnen. Er schüttelt den Kopf über sich selbst. »Ich weiß auch nicht, was heute los ist … so was ist mir noch nie passiert!«

»Macht nichts«, sagt das Mädchen und folgt Leander Linnen über die Schwelle in den Laden. »War eigentlich ganz praktisch. So konnte ich in Ruhe noch ein bisschen nachdenken.«

Leander Linnen zieht seinen Mantel aus und hängt ihn an die Garderobe. Dann geht er weiter nach vorne, zum Tresen. Das Mädchen läuft hinter ihm her.

»Willst du nicht wissen, worüber ich in Ruhe nachgedacht habe?«

Es sieht den alten Mann fragend an. Doch der zuckt mit den Schultern.

»Das kommt darauf an, ob du es mir sagen möchtest.«

Das Mädchen zieht seine Nase kraus und denkt einen Moment ernsthaft darüber nach.

»Ja«, sagt es schließlich. »Ja, das möchte ich.«

Leander Linnen lehnt sich gespannt gegen den Tresen.

»Na dann«, sagt er. »Raus damit!«

Das Mädchen sieht auf einmal sehr ernst aus.

»Ich habe darüber nachgedacht, was ich meinem Opa dieses Jahr zu Weihnachten schenken könnte.« Es macht eine Pause, in der es darauf wartet, dass Leander Linnen dazu etwas sagt. Aber der alte Mann schweigt nur. Das Mädchen stöhnt genervt.

»Jetzt musst du fragen, ob ich schon eine Idee habe!«

»Oh«, macht Leander Linnen. »Entschuldige bitte, das wusste ich nicht.« Er legt den Kopf schief. »Also, hast du denn schon eine Idee?«

»Schon ist gut!«, ruft das Mädchen und stemmt die Hände in die Hüften. »Ich überlege seit sechs Wochen, was ein gutes Geschenk sein könnte. Aber bisher ist mir nichts eingefallen. Es ist aber auch vertrackt!« Das Mädchen macht eine winzig kleine Pause, in der es das Gesicht verzieht. »Jetzt musst du –«

»Ich weiß, ich weiß!« Leander Linnen nickt schnell. »Warum ist es denn vertrackt?«

Das Mädchen seufzt.

»Weil mein Opa tot ist. Deshalb.«

»Oh«, macht Leander Linnen.

»Oh trifft es ziemlich genau«, sagt das Mädchen. Zum ersten Mal sieht es zufrieden aus. Und gleich darauf ziemlich traurig. »Mein Opa war der Beste, weißt du.«

»Das tut mir leid«, sagt Leander Linnen.

»Warum tut dir das denn leid?«, ruft das Mädchen prompt. »Ist doch toll, so ein Opa!«

»Oh, ja, natürlich ist das toll! Außerordentlich toll sogar«, stellt Leander Linnen schnell richtig. »Ich meinte, dass es mir leidtut, dass er gest-«

»Schon klar«, unterbricht das Mädchen den alten Mann. »Ich hab dich extra falsch verstanden. Das mach ich manchmal.« Es seufzt. »Ich bin zurzeit ein bisschen schwierig. Sagt zumindest mein Vater.«

Leander Linnen sieht das Mädchen mitfühlend an.

»Das glaube ich nicht.«

»Doch, das sagt er«, beharrt das Mädchen. »Ist mein Vater, da werde ich ja wohl wissen, was er sagt.«

Dieses Mal fällt Leander Linnen nicht darauf herein.

»Ich glaube, dass nicht du schwierig bist, sondern die Zeit.«

Das Mädchen zieht wieder seine Nase kraus.

»Kann schon sein«, murmelt es nach einer Weile schulterzuckend.

»Also, hast du jetzt eine Idee, was ich meinem toten Opa schenken könnte?«

Leander Linnen schüttelt den Kopf.

»Leider nein«, sagt er. »Ich kannte ihn ja nicht.«

»Stell dir einfach den besten Opa der Welt vor«, sagt das Mädchen und beginnt, sich zwischen den Regalen umzusehen. Währenddessen redet es ohne Punkt und Komma.

»Es ist echt schwierig, ein Geschenk für einen Toten rauszusuchen. Man kann ihn ja dummerweise nicht anrufen, um zu fragen, was er sich wünscht. Und man weiß ja nicht mal, wo er ist. Und wie es da ist – Äh, was bitte ist denn das hier?«

Das Mädchen hält ein großes, eiförmiges Ding aus Kupfer in die Luft.

»Eine antike Bettflasche«, sagt Leander Linnen.

»Falls es bei ihm zum Beispiel kalt ist, könnte ich ihm diese Bettflasche schenken. Aber wie soll ich ihm das Geschenk bitte schön geben?«

Das Mädchen legt die Bettflasche zurück ins Regal. Es ist nun bei den Büchern angekommen. Mit seinem Zeigefinger streicht es im Vorbeigehen über die bunten Rücken. »Ganz schön staubig«, stellt es fest. »Vor allem das Dicke hier!« Da hat es den Wälzer auch schon herausgezogen. Er hat einen edlen dunkelblauen Einband. *Die besten Papierflieger der Welt* steht in goldenen Buchstaben darauf.

»Mit meinem Opa habe ich oft gebastelt«, sagt das Mädchen nachdenklich. »Und geschraubt! Er hat mir auch mal eine richtige Schatzkiste gebaut. Mit Beleuchtung.«

Leander Linnen nickt. Er weiß, dass er gar nichts zu sagen braucht. Er muss bloß zuhören.

»Ich glaube«, sagt das Mädchen langsam. »Ich glaube, das Buch mit den Papierfliegern hier könnte was für ihn sein. Ist allerdings ziemlich angeberisch, oder?« Es wirft Leander Linnen einen Blick

WASCHSALON
Reisebüro

zu. *»Die besten Papierflieger der Welt.* Wieso sollte ich das glauben? Und woher weiß man überhaupt, was die besten Papierflieger der Welt sind? Sind sie besonders hübsch oder fliegen sie besonders weit oder lange oder –«

»Probiere es doch aus«, sagt Leander Linnen.

Das Mädchen sieht ihn überrascht an.

»Wie, jetzt, hier, bei dir im Laden? Ist das denn erlaubt?«

Der alte Mann zuckt mit den Schultern.

»Ich wüsste nicht, was dagegenspricht. Zumindest sehe ich hier kein Schild: *Papierfliegerbasteln streng untersagt.*«

Das Mädchen lacht, zum ersten Mal seit es den Laden betreten hat. Dann schlägt es das Buch in der Mitte auf. »Die *Schwalbenkönigin*, die sieht gut aus. Die versuch ich mal!«

Bevor Leander Linnen dem Mädchen einen Bogen Papier reichen kann, hat es aus seiner Jackentasche schon ein zusammengefaltetes Blatt gekramt und legt los.

Die Schwalbenkönigin ist ein äußerst kniffliger Flieger, doch bald hat das Mädchen es geschafft: Eine wunderschöne Schwalbenkönigin steht vor ihm auf dem Boden, mit eleganten Flügeln und eindrucksvollem Schwanz. Zufrieden betrachtet das Mädchen sein

Werk. Leander Linnen blickt über seine Schulter. So gut hätte er das niemals hingekriegt.

»Jetzt probiere ich mal, wie du fliegst!«, sagt das Mädchen.

Vorsichtig nimmt es den Flieger in die Hand und wirft ihn hoch in die Luft. Der Papiervogel steigt höher und höher, bis zur Zimmerdecke, umkreist die Lampe und schlägt dabei kräftig mit den Flügeln. Dann geht er in den Sinkflug über und schwebt einen kurzen Moment vor dem Gesicht des Mädchens. Als es gerade nach ihm greifen will, zischt er mit einer gewagten Kurve an seinem Ohr vorbei. So schnell kann das Mädchen kaum gucken! Da dreht die Schwalbe auch schon einen Looping, noch einen und ist schließlich wieder zum Greifen nahe. Aber immer wenn das Mädchen nach dem Vogel fasst, ist er schon wieder woanders. Es stellt sich auf die Zehenspitzen, springt in die Luft: ohne Erfolg. Das Mädchen jagt der Schwalbe hinterher, vorbei an der Nähmaschine, über den Sessel, bis zur Tür, die sich ausgerechnet in diesem Augenblick einen Spalt öffnet – und schon saust die Schwalbe davon.

»Hey!«, ruft das Mädchen. »Hey! Komm zurück!« Fassungslos steht es auf der Schwelle und starrt zum Himmel. Doch die Schwalbe ist längst zwischen den Wolken verschwunden.

»Aber … aber das war doch … mein Brief.«

»Dein Brief?«, fragt Leander Linnen leise.

Das Mädchen nickt.

»An meinen Opa. Aber ich konnte ihn ihm nicht mehr geben.«

Der alte Mann seufzt.

»So ist das mit den besten Papierfliegern der Welt«, murmelt er. »Sie machen, was sie wollen. Ich hätte dich warnen sollen. Tut mir leid.« Das Mädchen blinzelt ein paarmal, dann hat es sich auch wieder gefangen.

»Ist schon in Ordnung«, sagt es mit fester Stimme. »Vielleicht sogar mehr als das.«

Es dreht den Kopf und sieht den alten Mann auffordernd an. »Du lernst es echt nie, oder? Jetzt musst du fragen, wie ich das meine.«

»Das wollte ich gerade tun.« Leander Linnen schmunzelt in seinen Bart. »Also, wie meinst du das?«

Das Mädchen blickt zu den Wolken, die in der Morgensonne leuchten.

»Na, wie wohl? Der Vogel bringt den Brief zu meinem Opa.« Und dann spaziert das Mädchen davon. Leander Linnen weiß – auch ohne nachzufragen: Das Buch braucht es nicht mehr. Denn die Frage nach dem Geschenk, die hat sich nun erledigt. Auf die bestmögliche Art und Weise.

20. Das ungewöhnliche Vorhaben

»Du wirst nicht glauben, was ich auf dem Weg hierher gesehen habe!«

Auch ohne aufzublicken, weiß Leander Linnen, wer soeben seinen Laden betreten hat. Es ist sein alter Freund Phillip, der ein paar Straßen weiter in der Bibliothek arbeitet. Wenn dort nicht viel zu tun ist, stattet er Leander Linnen gerne mal einen Besuch ab.

»Lass mich raten«, murmelt Leander Linnen gespielt nachdenklich. »War es zufälligerweise ein Vogel aus Papier?«

Phillip macht große Augen.

»Woher weißt du das? Ist er an deinem Fenster vorbeigeflogen?« Bevor der alte Mann antworten kann, winkt Phillip ab. »Lass gut sein! Du verrätst es mir ja doch nicht. Außerdem wundert mich an einem Tag wie heute sowieso nichts!«

Leander Linnen blinzelt vergnügt.

»Mich auch nicht«, sagt er. »Hast du denn schon alles vorbereitet?«

»Schon ist gut!« Phillip lehnt sich an den Tresen. »Schokomünzen haben wir mehr als genug gekauft. Um die spielen wir heute Abend mit dem Dreidel. Und die Channukia steht auch schon am Fenster. Höchste Zeit, dass endlich die erste Kerze angezündet wird.«

»Na, ein paar Stunden wirst du dich noch gedulden können«, meint Leander Linnen schmunzelnd. Er hat es gern, dass bei den großen Festen auch die Erwachsenen wieder zu Kindern werden – wenn auch nur für ein paar Stunden. Da geht die Tür ein weiteres Mal auf. Ein Mädchen in einem rosafarbenen Anorak betritt den Laden.

»Ich ... äh ... stöber mal ein bisschen«, murmelt es, ohne die Männer am Tresen anzusehen. Der alte Holzboden scheint besonders interessant zu sein.

»Nur zu!«, ruft Leander Linnen freundlich und wendet sich wieder seinem Freund zu.

»Raus mit der Sprache, was für Leckereien tischst du dieses Jahr auf?«

»Kein Chanukka ohne Latkes und Sufganiot«, ruft Phillip und erzählt, wie die köstlichen Speisen gebacken werden: nämlich in reichlich Öl. Dann, mitten im Satz, unterbricht ihn sein alter Freund. Heimlich deutet er über seine Schulter.

»Schau mal, das Mädchen tut es schon wieder.«

Phillip zieht die Augenbrauen nach oben.

»Wovon sprichst du?«

»Das Mädchen hat gerade etwas unter seiner Jacke verschwinden lassen«, erklärt Leander Linnen mit leiser Stimme. »Meist kommt es einmal in der Woche vorbei, um etwas zu stibitzen. «

Nachdenklich kratzt sich Phillip am Kinn.

»Das Kind wird einen guten Grund dafür haben«, überlegt er, woraufhin Leander Linnen nickt.

»Ja, und was immer es da eingesteckt hat, würde ich ihm sicher sowieso schenken. Von Kindern nehme ich ohnehin nie Geld.«

Phillip lächelt. Er versteht, worum es seinem Freund geht. Es ist einer der Gründe, weshalb er ihn so gernhat. Da wäre nur eine Kleinigkeit, die man an dem ungewöhnlichen Arrangement verbessern könnte.

»Was meinst du, wie sich das Mädchen heute Abend fühlt?«, fragt er – und es klingt fast ein bisschen vorwurfsvoll.

Leander Linnen zieht die Stirn in tiefe Falten. Darüber hat er ehrlich gesagt noch nicht nachgedacht. Nicht eine Sekunde.

»Ich sag es dir!« Auf einmal ist Phillip ganz aufgeregt. »Das Mädchen hat bestimmt ein schlechtes Gewissen. Ich wette, es liegt im Bett und kann nicht schlafen.«

Leander Linnen überlegt. Zugegeben: Das wäre alles andere als ideal. Er will die Menschen ja glücklich machen.

»Du meinst –?«

»Ich meine, wenn du die Dinge hier einfach so hergibst, sollten alle Beteiligten ein gutes Gefühl dabei haben. Und nicht nur du.« Leander Linnen nickt. Da ist was dran. Er will gerade etwas sagen, da taucht das Mädchen wie aus dem Nichts direkt vor dem Tresen auf.

»Ich ... ähm, ich hätte gerne einen Gummifrosch.« Das Mädchen gibt sich alle Mühe, die Beule unter dem Anorak zu verdecken. Doch das gelingt mehr schlecht als recht. Was nun? Auf keinen Fall möchte Leander Linnen das Kind bloßstellen. Ein wenig ratlos blickt der alte Mann zu seinem wunderbaren Freund; in just dem Moment hat er einen nicht minder wunderbaren Einfall. Allerdings ist der zugegebenermaßen nicht ganz ausgereift. Das heißt, Leander Linnen spricht, während er noch denkt.

»Und deshalb«, sagt er übertrieben laut und fischt einen Weingummifrosch aus dem Glas. »Und deshalb habe ich mir vorgenommen, jeden Tag etwas zu verschenken. Und zwar dem ersten Kunden, der ... äh, also, der äh ...«

»– der dir verrät, wie das Wetter wird?«, schlägt Phillip vor.

Leander Linnen spricht dankbar weiter.

»Genau, der mir verrät, wie das Wetter wird!«

»Irgendetwas?«, fragt Phillip, der genau weiß, worauf sein Freund hinauswill. »Du verschenkst irgendetwas?«

»Nicht irgendwas«, stellt Leander Linnen klar. »Sondern einen Gegenstand seiner Wahl.«

»Und ich nehme an, lieber Leander, dass dir heute noch niemand verraten hat, wie das Wetter wird?«

Bevor Leander Linnen den Kopf schütteln kann, platzt es aus dem Mädchen heraus.

»Schnee«, sagt es. »Es gibt morgen noch mehr Schnee!«

»Oha«, macht Leander Linnen. Er sieht das Mädchen an und lächelt.

»So wie es aussieht, kannst du dir heute etwas aus meinem Laden aussuchen.«

Das Mädchen guckt etwas skeptisch.

»Egal was?«

»Egal was.«

Im nächsten Moment ist das Mädchen auch schon hinter einem Regal verschwunden.

»Ich seh mich mal hier hinten um«, ruft es laut.

Das Ritschen eines Reißverschlusses erklingt, gefolgt von nicht weniger verdächtigem Rascheln. Doch Leander Linnen tut, als habe er nichts gehört. Und auch Phillip lächelt nur.

Als das Mädchen kurz darauf wieder auftaucht, hält es einen Pokal in seinen Händen. Die Beule unter seinem Anorak ist verschwunden.

»Kann ich den hier haben?«, fragt es. »Ist für meine große Schwester. Hat sie echt verdient.«

»Darf ich fragen warum?« Leander Linnen wackelt neugierig mit den Augenbrauen.

Das Mädchen zuckt mit den Schultern.

»Sie hat es geschafft, mich eine Woche lang nicht zu ärgern.«

»Oha«, macht Leander Linnen. Und auch Phillip nickt beeindruckt mit dem Kopf. »Eine ganze Woche lang?«

Das Mädchen nickt ernst.

Leander Linnen stellt sich vor die Kasse.

»Na dann«, sagt er. »Pack ich den Pokal schnell mal ein. Und den Gummifrosch gibt's umsonst dazu. So was muss gefeiert werden!«

21. Die zerkratzte Schallplatte

Am Nachmittag wird es unruhig vor Leander Linnens kleinem Laden. Neugierig späht der alte Mann aus dem Schaufenster. Zuerst versteht er nicht, was los ist. Auf der Straße laufen zwei Männer aufgeregt hin und her, eine Frau fuchtelt mit den Armen in der Luft herum. Und alle reden gleichzeitig. Nein, schimpfen gleichzeitig. Und zwar so laut, dass auch Leander Linnen nun mitbekommt, was Sache ist: Da draußen ist ein Unfall passiert. Nichts Schlimmes, offenbar nur ein Blechschaden – aber eben doch schlimm genug, um sich gehörig anzubrüllen.

Kein Wunder, denkt Leander Linnen. In dieser Zeit, so friedlich und besinnlich sie eigentlich sein soll, sind viele ja doch gestresst. Auch er ist da keine Ausnahme. Ja, zugegeben: Manchmal fühlt sich auch Leander Linnen höchstpersönlich von all den Dingen, die es zu erledigen gilt, ein wenig unter Druck gesetzt. Dabei sollte er ja eigentlich mit gutem Beispiel vorangehen. Und das tut er ja auch – meistens.

Auf der Straße wird es lauter. Eine Radfahrerin hat sich in das Geschehen eingemischt und jetzt tut auch ein Fußgänger mit Krücken seine Meinung kund – eifrig unterstützt von seinem kläffenden

Pudel. In den Momenten, in denen der Hund nach Luft schnappt, dringen wütende Sätze in den Laden.

»Sie haben Ihren Führerschein wohl im Lotto gewonnen!«

»Was mischst du dich da ein?«

»Hast du mich gerade geduzt?«

»Ich mach gleich noch was ganz anderes mit dir, du Knalltüte!«

Leander Linnen seufzt. Er hat nichts gegen Streit. Streit gehört zum Leben dazu. Aber dieser hier führt ganz offensichtlich nirgendwohin. Vielleicht sollte er, um die Zankerei zu übertönen, ein bisschen Musik anmachen? Einmischen wird er sich auf keinen Fall. Das haben schon genug Leute getan. Mittlerweile diskutiert auch eine Motorradfahrerin mit. Und sogar der Nachbar brüllt etwas aus dem Fenster.

Leander Linnen schlurft zum Regal neben dem Tresen. Hier steht nicht nur der Plattenspieler, hier stapeln sich auch die Schallplatten – beinahe meterhoch. Schon beim Anblick der bunten Plattenhüllen hebt sich Leander Linnens Stimmung. Er ist nun mal ein richtiger Musikliebhaber.

Leander Linnen denkt nach. Damit er von dem Lärm da draußen nichts mehr mitbekommt, braucht es etwas Besonderes. Ein Song mit viel Schlagzeug und Gitarre. Langsam gleitet er mit dem Finger am Regal entlang. Da hat er plötzlich – von woher auch immer – diese Melodie im Ohr. Sie erreicht seine Lippen und er beginnt zu summen. Jetzt weiß der alte Mann, was er auflegen muss! Es gibt gar keine andere Möglichkeit. Leander Linnen zieht ein regenbogenbuntes Album aus dem Regal. Er betrachtet es einen Moment, dann nimmt er beinahe andächtig die zerkratzte Schallplatte heraus.

Mit beiden Händen platziert er sie auf der Drehscheibe des Plattenspielers, dann drückt er einen Knopf und der Tonarm setzt sich in Bewegung. Kurz darauf trifft die feine Nadel knarzend auf die Platte. Voller Erwartung schließt Leander Linnen die Augen.

Klingeling, Klingeling macht es.

Nicht ganz das Geräusch, das Leander Linnen erwartet hat. Als er die Augen wieder öffnet, blickt er in das gerötete Gesicht einer dick eingepackten Frau.

»Entschuldigung!«, ruft die Frau, ohne über die Schwelle des Ladens zu treten. »Haben Sie gesehen, was draußen passiert ist? Wir brauchen dringend einen Zeugen! Gleich kommt die Po-«

Weiter als Po kommt die Frau nicht, da setzt die Musik ein – endlich. Leander Linnen atmet aus. Doch es ertönt kein Schlagzeug und keine Gitarre. Es ist eine durch und durch zauberhafte Melodie, sanft wie Pulverschnee, süß wie heiße Schokolade – und auch genauso wärmend. Herzerwärmend. Wer sie hört, hört nichts anderes mehr. Und kann sich offenbar auch nicht mehr aufregen. Die Frau jedenfalls hat vergessen, wie ihr Satz zu Ende geht. Verdutzt blickt sie von Leander Linnen zum Plattenspieler und wieder zurück.

Da kommt die Motorradfahrerin hinzu.

»Und, hat der Typ was gesehen?«, ruft sie laut.

Dann nimmt die wundersame Musik auch sie gefangen und sie beginnt zu lächeln. Leander Linnen ist nicht weniger verblüfft als die beiden.

Nach und nach drängen immer mehr Leute zu seiner Tür. Auf alle hat die Musik die gleiche Wirkung. Es wäre übertrieben zu behaupten,

dass sie sich spontan in die Arme fallen und versöhnen. Aber eines stimmt doch: Für einen kurzen Moment sorgt die Melodie dafür, dass sie den Streit vergessen. Und dieser Moment reicht aus, um die Gemüter zu besänftigen.

Als die Musik verklingt und nur noch das leise Kratzen der Nadel zu hören ist, scheinen alle wieder in der Lage zu sein, klar zu denken. Es wird noch ein bisschen diskutiert und verhandelt – aber ohne böse Worte. Und irgendwann haben sie es geschafft: Die Leute einigen sich und finden einen Kompromiss. Erschöpft verlassen sie den Ort des Geschehens.

Und Leander Linnen? Der packt die Schallplatte liebevoll wieder ein, verstaut sie an ihrem Platz im Regal. Und dann kocht er sich einen schönen heißen Tee.

22. Die silberne Flasche

Leander Linnen hat beschlossen, sich ein kleines Nickerchen zu gönnen. Er wird dieser Tage schneller müde als früher. Gerade hat er es sich in dem Ohrensessel gemütlich gemacht, da melden sich die Glöckchen über seiner Tür. Kundschaft! Ausgerechnet jetzt. Aber natürlich ist Leander Linnen neugierig und deshalb richtet er sich auch auf, um einen Blick zur Tür zu werfen.

»Oha«, murmelt er und gleich noch einmal: »Oha.«

Auf der Schwelle steht eine kleine, stämmige Polizistin. Sie wirkt ziemlich ernst. Ernst und verfroren.

»Guten Tag«, sagt Leander Linnen freundlich. »Falls Sie wegen des Unfalls da sind: Die Angelegenheit hat sich schon erledigt. Die Parteien haben sich einigen können.«

Die Polizistin zieht eine Augenbraue nach oben.

»Welcher Unfall?«, will sie wissen. »Ich weiß nichts von einem Unfall. Was ist denn passiert?«

Leander Linnen winkt ab. Hätte er es besser gar nicht angesprochen. »Halb so wichtig«, murmelt er. »Ich dachte nur, Sie seien dienstlich hier. Schauen Sie sich gern in aller Ruhe in meinem Laden um. Und wenn Sie Hilfe brauchen, melden Sie sich.«

Nun zieht die Polizistin auch die andere Augenbraue nach oben.

»Aber ich bin dienstlich hier!«

Leander Linnen ist verwirrt.

»Aber es geht nicht um den Unfall?«

Die Polizistin seufzt.

»Das kommt darauf an: War in den Unfall ein Hirsch verwickelt?« Die Frage kann der alte Mann eindeutig verneinen. Zwar haben sich wirklich viele in den Streit eingemischt – aber das waren (von dem Pudel einmal abgesehen) ausschließlich Zweibeiner. Und ein Hirsch wäre Leander Linnen sofort aufgefallen. Mit Hirschen – egal ob nun Rothirsch, Damhirsch, Reh, Rentier oder Elch – kennt er sich aus. Wahrscheinlich wie kein zweiter.

»Nein«, sagt Leander Linnen. »Es waren lediglich zwei Autos in den Unfall verwickelt.«

»Dann interessiert er mich auch nicht weiter«, sagt die Polizistin, zieht eine Trinkflasche aus ihrer Tasche und genehmigt sich einen großen Schluck.

»Ich renne seit Stunden durch die Stadt«, erklärt sie. »Das macht durstig.«

»Wahrscheinlich wird einem auf Dauer auch ziemlich kalt«, vermutet Leander Linnen.

»Und wie! In meiner Nase haben sich schon Eiskristalle gebildet. Ohne Witz!«

Die Polizistin lacht. Es tut ihr gut, auf jemanden zu treffen, der sich in ihre Lage hineinversetzen kann. Dann erinnert sie sich wieder daran, warum sie eigentlich hier ist.

»Ich wollte Sie fragen, ob ich bei Ihnen im Schaufenster ein Suchplakat aufhängen darf«, sagt sie und deutet auf die Papierrolle, die in ihrer Tasche steckt. »Es geht um ein zugelaufenes Tier.«

Der alte Mann wird hellhörig.

»Etwa auch eine Katze?«, fragt er.

Die Polizistin schüttelt den Kopf.

»Schön wär's!«, brummt sie. »Bei Katzen wird nämlich nicht gleich die Polizei alarmiert.«

Da ist natürlich etwas dran.

Bevor die Polizistin sich an das Aufhängen des Plakats macht, setzt sie die Trinkflasche ein weiteres Mal an ihre Lippen. Doch die Flasche ist leer. Da ist kein einziger Tropfen mehr. Missmutig steckt die Polizistin sie zurück an ihren Platz.

»In die blöde Flasche passt einfach zu wenig rein«, murmelt sie. »Und richtig warm hält sie auch nicht. Mein Tee ist immer sofort kalt.«

Leander Linnen beschleicht der Verdacht, dass das Plakat nicht der einzige Grund für den Besuch der Polizistin ist. Zweifellos geht es noch um etwas anderes – auch wenn die Polizistin selbst das wahrscheinlich noch nicht weiß.

Während sie sich nach einer geeigneten Stelle für das Plakat umsieht, beginnt Leander Linnen, sich um seinen Reiseproviant zu kümmern. Dafür ist es sowieso allerhöchste Zeit. Wie immer wird es auf Sandwiches und heißen Tee hinauslaufen – Nachschub gibt es unterwegs

genug. (Vor allem Plätzchen.) Auf der Suche nach einer geeigneten Brotdose und Thermosflasche läuft Leander Linnen am Regal entlang Richtung Schaufenster, hier lagern viele der Küchenutensilien, die er auch zum Verkauf anbietet. Schnell hat er eine praktische Aludose und eine silberne Thermosflasche gefunden. Wunderbar! Leander Linnen will sich gerade auf ins Hinterzimmer machen, als die Polizistin völlig unerwartet einen Schritt zurücktritt. Und schon ist es passiert: Die beiden stoßen mit den Rücken gegeneinander.

»Huch!«, macht Leander Linnen.

Die Brotdose klemmt fest unter seinem Arm, aber die Flasche rutscht ihm aus der Hand. Die Polizistin fängt sie geschickt auf und will sie gerade zurückgeben – da bemerkt sie, was sie da eigentlich in der Hand hält.

»Oh!«

»Ja?«, fragt Leander Linnen.

Die Polizistin tritt von einem Bein auf das andere.

»Ähm, also die Flasche da … wäre die vielleicht noch zu haben?«

Leander Linnen schaut auf die Thermosflasche und muss schmunzeln. Wenn die Polizistin wüsste, was die ihm schon für gute Dienste geleistet hat. Verlässlich wie keine andere hält sie Tee, Kakao und Kaffee warm.

»Die Flasche können Sie gern haben«, sagt Leander Linnen. »Allerdings nur gefüllt!«

Die Polizistin freut sich so sehr, dass sie über beide Wangen strahlt. Wenn sie nur wüsste, wie ernst Leander Linnen das meint. Denn was er sagt, stimmt: Diese Flasche wird nicht leer – niemals. Egal, wie viel jemand trinkt, die wärmende Flüssigkeit will einfach nicht weniger werden. Damit ist die Flasche genau richtig für die Polizistin, die stundenlang und bei Eiseskälte in der Stadt herumeilt, um Plakate aufzuhängen. Allerdings ist die Thermoskanne auch nicht weniger wichtig für einen ganz bestimmten Menschen, der sich alle Jahre wieder auf eine lange Reise begibt. Aber zum Glück ist Letzterer im Besitz einer höchst praktischen Ersatzflasche. So, wie er auch eine Ersatzbrille hat. Und einen Ersatzschlitten. Und ... nein, nein, seinen Bart, den gibt es nur einmal.

23. Das funkelnde Bäumchen

Staunend blickt Leander Linnen aus dem Fenster. So ein wildes Schneegestöber hat er selten gesehen! Und der alte Mann hat schon viel gesehen – und auch erlebt. Kaum zu glauben, wie viel er herumgekommen ist in all den Jahren. Am liebsten würde er sich mitten in die weißen Flocken stürzen. Aber dafür müsste er sich dicker anziehen – vor allem bräuchte er einen Schal. Denn krank werden darf er auf keinen Fall, nicht so kurz vor seinem Einsatz.

Die Flocken fliegen so dicht, dass Leander Linnen nicht einmal bemerkt, wie sich Kundschaft seinem Laden nähert.

Klingeling, Klingeling, machen die Glocken über der Ladentür. Im nächsten Moment steht die Kundschaft schon triefend mitten in seinem Laden: ein vornehmer alter Herr und eine ebenso vornehme alte Dame. Ihre dunklen Mäntel sehen aus wie mit Puderzucker bestäubt. Der Schnee hat sie beim Weihnachtseinkauf überrascht. In ihren Händen halten sie fünf pralle Tüten.

»Guten Tag«, sagt Leander Linnen, höflich wie immer.

Die Dame ergreift das Wort: »Es ist mir unangenehm, aber ich will ganz ehrlich sein. Wir sind nicht hier, um etwas zu kaufen. Eigentlich suchen wir nur Zuflucht vor dem Schnee.«

OFFEN

Leander Linnen lacht. Zum einen, weil er rein gar nichts dagegen hat, irgendjemandem Zuflucht zu geben – vor was auch immer. Zum anderen, weil er eines ganz sicher weiß: Wenn die beiden nur ein Weilchen bleiben, werden sie ganz sicher doch etwas bei ihm finden. Er beschließt, den beiden erst einmal eine Tasse Tee anzubieten. Sie sehen ziemlich verfroren aus.

Tatsächlich freut sich das Pärchen sehr über das warme Getränk. Die Dame zieht ihren Mantel aus, dann lässt sie sich wohlig seufzend in den königlichen Ohrensessel sinken – während ihr Mann neugierig zwischen den Regalen herumstreicht. Leander Linnen beobachtet ihn aus dem Augenwinkel.

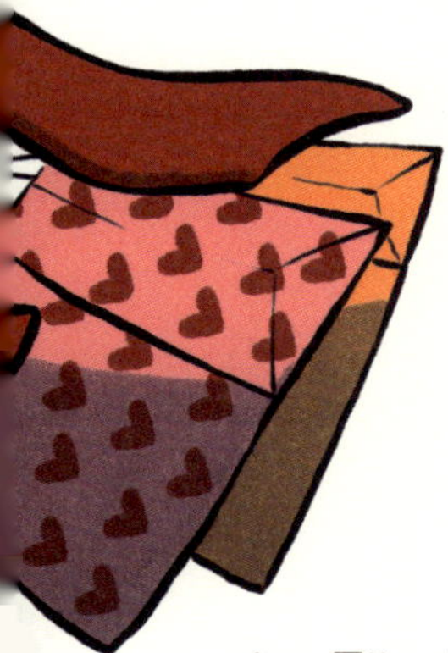

Zuerst hat es ihm ein verstaubtes Buddelschiff angetan. Dann untersucht er den klapprigen Puppenwagen und schließlich ein kaputtes Bügeleisen.

»Mein Mann ist ein richtiger Bastler«, erklärt die Dame. »Der kann alles reparieren!«

Da hat ihr Mann auch schon den Schuhschrank entdeckt: Seit kürzlich ein Scharnier abgefallen ist, lässt eine Tür sich nicht mehr richtig schließen. Eigentlich wollte Leander Linnen sich schon längst darum kümmern. Aber es gibt immer so viel wichtigere Dinge zu tun.

Ohne zu zögern, zückt der Herr ein Taschenmesser, klappt den Schraubenzieher auf und hat das Scharnier auch schon angeschraubt. Der Schrank schließt wieder tadellos.

»Habe ich es Ihnen nicht gesagt?« Die Dame lächelt. »Ich hoffe, es ist wirklich in Ordnung, dass wir nichts kaufen. Wir haben alle Einkäufe längst erledigt.« Sie deutet auf die vielen Taschen, die noch am Eingang stehen. Leander Linnen nickt. Es sieht tatsächlich nicht so aus, als bräuchten sie noch etwas. Voller Vorfreude erzählt die Dame, dass sie Besuch von ihren sieben Enkeln bekommen. Alle auf einmal. Natürlich kommt da so einiges an Geschenken zusammen.

Wieder nickt Leander Linnen. Der Bastler hat in der Zwischenzeit ein Kofferradio entdeckt. Er drückt versuchsweise ein paar Knöpfe, aber nichts tut sich.

»Wir haben alles bekommen, was die Kinder sich gewünscht haben«, berichtet die Frau weiter. »Das war vielleicht eine lange Liste! Carlotta wollte einen Malkasten, Karim eine neue Flöte. Mir fällt gar nicht mehr ein, was wir für die anderen haben. Da müsste ich nachschauen.« Die Frau macht eine kleine Pause und seufzt. »Nur eine Sache, die wir selbst gern gehabt hätten, haben wir leider nicht bekommen.«

»Sofia?«, ruft ihr Mann in genau dem Moment. »Sofia, komm mal her! Ich glaub, ich hab da was entdeckt!«

Die Dame entschuldigt sich und steht auf, um zu ihrem Mann zu gehen. Der steht direkt vorm Schaufenster – mit leuchtenden Augen. Zuerst weiß die Frau nicht, was er entdeckt hat, worauf er hinauswill. Sie kann im Fenster wirklich nichts Brauchbares entdecken. Zumal sie doch wirklich schon genug haben! Von einer Ausnahme abgesehen.

»Sieh doch mal, der Baum!«, ruft ihr Mann.

Die Dame kneift ihre Augen zusammen. Stimmt, dort im Schaufenster steht ein Baum. Wobei das eigentlich noch eine Übertreibung ist. Es ist vielmehr ein Bäumchen, behangen mit einer Lichterkette und dem üblichen Schnickschnack. Aber auch das Funkeln der Lichterkette kann nicht davon ablenken, wie mickrig und schief der Baum ist. Vor allem ist er aus Plastik!

Doch ihren Mann stört das alles nicht.

»Sofia, jetzt kriegen wir doch noch unseren Baum!« Plötzlich unsicher geworden, dreht er sich zu Leander Linnen um. Natürlich muss er noch klären, ob der Baum überhaupt verkäuflich ist.

Leander Linnen lacht. Jetzt, wo Heiligabend quasi vor der Tür steht, da braucht er den Baum wirklich nicht mehr.

»Sie können den Baum gerne haben«, sagt er.

Der Herr klatscht vor Freude in die Hände. Dann erklärt er, dass er und seine Frau keinen Weihnachtsbaum mehr hatten, seit sie alleine feiern. Aber dieses Jahr hat sich eben die Familie zu Besuch angemeldet – in allerletzter Sekunde. Da brauchen sie unbedingt einen Weihnachtsbaum! Sie sind gleich losgefahren, um eine Tanne zu kaufen. Aber leider war keine mehr zu kriegen. Alle restlos ausverkauft.

Die Dame betrachtet den Plastikbaum lange. Die Lichterkette blinkt und blinkt – fast hat man den Eindruck, der Baum zwinkere ihr verschwörerisch zu. Die Dame trinkt ihren letzten Schluck Tee und gibt sich einen Ruck.

»Wir könnten den Baum versuchsweise ja mal mitnehmen«, sagt sie. »Und gucken, wie er sich im Wohnzimmer macht.«

Der Mann ist mit dem Vorschlag einverstanden. Auf einmal hat er es ziemlich eilig.

Er wartet nicht auf Leander Linnen, sondern hebt den Baum gleich selbst aus dem Schaufenster. Beinahe stolz läuft er damit zur Kasse.

In der Zwischenzeit hat sich der Schneesturm gelegt. Das Pärchen bedankt sich herzlich für den Tee und den Unterschlupf, den Leander Linnen ihnen gewährt hat. Dann greift die Dame nach den Tüten, der Herr nach dem Bäumchen – so machen sie sich auf den Weg nach draußen. Leander Linnen sieht seinen Kunden hinterher, wie sie durch den Schnee in Richtung Auto stapfen. Er kann sich schon denken, dass dort gleich etwas Seltsames geschehen wird. Und er kann sich auch denken, was ...

Und wirklich, nachdem die beiden vorsichtig alles im Kofferraum verstaut haben und gerade eingestiegen sind, beginnen sie auf einmal zu schnuppern. Überrascht sehen sie sich an, doch es gibt keinen Zweifel: Der Baum hat sich verwandelt. Was da vom Kofferraum aufsteigt und direkt in ihre Nasen weht, ist frischer, echter Tannenduft. Würzig, ein bisschen nach Wald und zauberhaft: Das ist der Geruch von Weihnachten.

24. Das beste Geschenk

Heute schließt Leander Linnen seinen Trödelladen bereits vor der Dämmerung. Denn an diesem Abend verreist der alte Mann – zwar nur kurz, aber trotzdem gilt es, die letzten Vorbereitungen zu treffen. Leander Linnen muss den Mantel und die Mütze ausschütteln, seinen Bart frisieren – und natürlich einen Schal auftreiben. Geschäftig wuselt er in seinem abgesperrten Laden umher, als es plötzlich klopft.

Es ist mal wieder Jasmin, seine Freundin und Paketbotin.

»So spät noch unterwegs?« Leander Linnen öffnet überrascht die Tür. »Soll ich wieder Pakete für die Nachbarn annehmen?«

»Falsch geraten!« Jasmin tritt triumphierend über die Schwelle. »Heute sollst du was für dich annehmen!«

Leander Linnen staunt.

»Für mich? Aber von wem? Wer schickt mir denn etwas?«

Jasmin zuckt bloß mit den Schultern. Dabei macht sie geheimnisvolle Augen. Und dann zieht sie etwas aus ihrer Tasche: ein mittelgroßes Päckchen, umwickelt mit grüner Schnur. FÜR LEANDER LINNEN steht in großen Buchstaben auf

dem Papier. Jasmin drückt dem alten Mann das Päckchen in die Hand. Einen Moment lang scheint der gar nicht zu wissen, was er damit anfangen soll. Regungslos starrt er auf das Ding in seinen Händen.

»Nun pack doch endlich aus!«, ruft Jasmin ungeduldig.

Leander Linnen ist völlig verwirrt.

»Aber das geht nicht! Das ist doch falsch rum. Ich bin derjenige, der die Geschenke –«

Jasmin fällt ihm ins Wort.

»Auspacken!«

Da wickelt Leander Linnen endlich die Schnur ab. Als Nächstes löst er die Klebestreifen, erst langsam und bedacht, dann immer schneller und schneller. Auf einmal kann er es kaum noch erwarten, so neugierig ist er. Ungeduldig reißt er das Papier auf. Zum Vorschein kommt ...

»Ein Schal!« Und was für einer! Ein wunderbar weicher, leuchtend roter Schal.

Leander Linnen macht große Augen. Der Schal ist selbst gestrickt, wunderbar weich und leuchtend rot. Mit anderen Worten: perfekt! Der alte Mann blinzelt gerührt. Das ist genau das, was ihm noch gefehlt hat. Jetzt kann er sich entspannt auf seine Reise machen. Lächelnd nimmt Jasmin ihm den Schal aus der Hand und legt ihn ihm um den Hals. Leander Linnen eilt zur Spiegelkommode, wo sein roter Mantel schon bereitliegt. Er schlüpft hinein und betrachtet sich von allen Seiten. Dann nickt er zufrieden – so soll es sein!

»Danke«, sagt Leander Linnen sichtlich gerührt. »Dein Geschenk wird mich sicher schön warm halten. Es zieht doch immer so auf meinem ... äh –«

Der alte Mann verstummt. Beinahe hätte er zu viel verraten.

»Auf deinem Schlitten?«, fragt Jasmin verschmitzt.

Der alte Mann sieht sie erschrocken an.

»Aber ... wie kommst du darauf?«

»Keine Ahnung.« Jasmin lacht. »Ich meine, wäre schon irgendwie komisch, wenn der Weihnachtsmann die Tram nehmen würde.«

Leander Linnen schluckt. Hat er da gerade richtig gehört? Schnell blickt er über seine Schulter, als wolle er sich vergewissern, dass sie niemand gehört hat. Doch natürlich ist niemand im Laden. Das heißt, niemand anderes als Jasmin, die doch tatsächlich hinter sein Geheimnis gekommen ist. Schnell legt er Mantel und Schal ab.

»Das darf niemand wissen«, flüstert er eindringlich.

»Dass du der Weihnachtsmann bist?«

»Psst. Ja, genau! Wie hast du das überhaupt rausgekriegt?«

»Ich war eben schon immer ein kluges Köpfchen«, sagt Jasmin und zuckt mit den Schultern. Dann verrät sie ihm, dass sie schon lange einen Verdacht hatte – und dass das herrenlose Rentier der letzte Hinweis war. Leander Linnen versteht nicht. Welches Rentier?

Jetzt ist Jasmin mit dem Staunen an der Reihe: Kann es wirklich sein, dass der alte Mann noch nichts davon mitgekriegt hat? Die ganze Stadt redet doch davon! Sie erzählt, dass auf dem Sportplatz kürzlich ein Rentier aufgetaucht ist. Es stand einfach so mitten auf dem Fußballfeld und scharrte ungeduldig im Gras. Eine kleine

Sensation! Nun sucht die Polizei verzweifelt das zugehörige Herrchen oder Frauchen. Bislang hat sich niemand gemeldet.

Jasmin deutet zum Schaufenster.

»Ich dachte, du wüsstest Bescheid. Bei dir hängt doch auch ein Suchplakat.« Sie legt den Kopf schief. »Leander, meinst du nicht, du solltest das arme Tier so langsam mal abholen?«

Leander Linnen nickt matt. Hätte er sich das Plakat mal angesehen, das die verfrorene Polizistin aufgehängt hat! Vor allem versteht er nicht, wie ihm das Rentier entwischen konnte. Wo er doch sonst immer so gut auf all seine Tiere aufpasst. Jedenfalls ist er sich sicher, dass es sich bei dem Ausreißer um Rudolph handelt. Es muss einfach Rudolph sein. Der kann doch nie abwarten, bis es so weit ist! Der würde am liebsten schon Ostern losziehen.

Leander Linnen seufzt. Aber jetzt kann es ja wirklich losgehen. Alles ist bereit. Erst wird er Rudolph abholen, wo immer der Frechdachs steckt, und dann wird er gleich weiterfliegen, seine übliche Runde um den Erdball drehen. Alles ist gepackt und geladen – sogar einen Schal hat er jetzt. Den wickelt Leander Linnen sich entschlossen wieder um, dann schlüpft er in seinen Mantel und setzt die warme Mütze auf. Er zieht noch die Stiefel an und will gerade seinen Trödelladen verlassen, da hört er ein Räuspern. Jasmin, natürlich! Beinahe hätte er seine Freundin vergessen!

»Ich habe da eine Idee«, sagt sie. »Was hältst du davon, wenn ich mitkomme? Erstens weiß ich, wo wir das Rentier finden. Zweitens kann ich super Landkarten lesen. Und drittens habe ich jetzt sowieso Urlaub.«

Leander Linnen zögert: Das gab es bislang noch nie. Bis jetzt hat er den Job immer allein erledigt – und zwar verlässlich! Allerdings heißt das nicht, dass sich das nicht ändern kann – oder sollte. Und um seine Nachfolge muss er sich schließlich auch langsam mal kümmern. Damit ist es beschlossene Sache.

»Wir Zusteller sollten zusammenhalten«, sagt er nickend.

Jasmin macht vor lauter Freude einen kleinen Luftsprung. Dann eilen sie zum Dachboden, wo der blank polierte Schlitten steht.

Nur wenige Minuten später sausen sie durch die Lüfte: der Weihnachtsmann, die Paketbotin und acht eifrige Rentiere – bald werden es neun sein. Da, unter ihnen, auf dem Fußballplatz, können sie schon einen kleinen roten Punkt ausmachen: wenn das nicht Rudolphs Nase ist.

25. Das große Staunen

Und da sind sie auch schon zurück.

Der Schlitten steht wieder auf dem Dachboden, unter dem großen Tuch aus Samt. Später im Jahr, wenn es wärmer ist – und er sich ordentlich ausgeruht hat–, wird Leander Linnen das Tuch abnehmen, um den Schlitten zu überholen. Ein paar Reparaturen stehen immer an und eine neue Lackierung ist auch fällig. Die Witterung setzt dem Holz unterwegs doch recht zu. Aber jetzt müssen erst einmal die Rentiere versorgt werden – das ist das Wichtigste. Jasmin begleitet Leander Linnen in den Stall im Hinterhof. Seit ihrer Abreise vor zwei Tagen ist der alte Mann beeindruckt davon, wie souverän und achtsam die junge Paketbotin mit den Tieren umgeht. Jetzt steckt sie jedem der neun eine Karotte zu, krault hier ein Fell, klopft dort eine Flanke und sieht nach Rudolphs verletztem Hinterlauf. Der Arme hat bei der Landung einen Tannenwipfel gestreift. Als Jasmin dem Tier aufmunternde Worte ins Ohr flüstert, muss Leander Linnen darüber schmunzeln, dass ihre Wangen fast so rot wie Rudolphs Nase sind – das macht die Mischung aus frischer Luft und Aufregung. Der alte Mann kann sich noch gut an seine Anfänge erinnern – und an das Muffensausen, das er vor dem ersten Flug hatte. Doch Jasmin hat es mit Bravour gemeistert. Ach was, mehr als das! Wenn es nach ihm ginge, hätte sie sich zumindest die letzten zwei Loopings gern sparen können.

Es ist schon spät am Abend, aber Leander Linnen beschließt, noch schnell im Laden nach dem Rechten zu sehen. Er möchte auch gern der Katzenfamilie Hallo sagen. Wobei er sich sicher ist, dass Pepe sich in seiner Abwesenheit gut um sie gekümmert hat.

»Kommst du noch mit auf ein Tässchen Tee?«, fragt Leander Linnen.

»Was für eine Frage!«, ruft Jasmin und gibt ihm einen kleinen Knuff.

Leander Linnen freut sich. Denn das ist doch eigentlich das Schönste überhaupt; dass sie das Abenteuer der vergangenen Tage gemeinsam erlebt haben und sich nun davon erzählen können.

»Weißt du noch, wie ich im Schornstein stecken geblieben bin und du mich am Stiefel herausgezogen hast?«

»Wie uns mitten über dem Atlantischen Ozean beinahe alle Päckchen aus dem Sack gepurzelt sind?«

»Wie wir in dieser einen Wohnung fast von den Kindern erwischt wurden –?«

»– und du dich in letzter Sekunde hinter dem Tannenbaum versteckt hast?«

So plaudern und kichern sie, bis sie vor dem Laden stehen und Leander Linnen den Schlüssel aus seiner Manteltasche zieht, um die Tür aufzusperren. Er will ihn gerade ins Schloss stecken, da erschrickt er. Denn die Tür ... ist offen! Leander Linnen blinzelt ein paarmal, aber es gibt keinen Zweifel. Die Tür steht einen Spaltbreit

offen. Wie kann das sein? Hat Pepe, sein eifriger junger Freund, etwa vergessen, abzuschließen? Das kann Leander Linnen sich eigentlich kaum vorstellen. Oder – Leander Linnen hält die Luft an – ist vielleicht gar Schlimmeres passiert? Der alte Mann hat nie eine Alarmanlage gewollt und zum ersten Mal fragt er sich, ob das vielleicht die falsche Entscheidung gewesen ist. Denn eines ist nicht von der Hand zu weisen: Die meisten Menschen hier wissen, wann er verreist ist und sein Laden verlassen. Da hat jeder, der sich bereichern will, ein leichtes Spiel.

Leander Linnen sieht zu Jasmin, die ihren Zeigefinger an die Lippen gelegt hat. Die beiden sprechen sich ohne Worte ab, allein mit Blicken und Gesten. Denn das können sie, nach der Reise, die hinten ihnen liegt. Jasmin deutet fragend zur Tür, woraufhin Leander Linnen nickt. Er holt tief Luft, dann drückt er sie auf. Die Glöckchen über der Tür klingeln verlässlich wie immer – als wäre nichts geschehen.

Der letzte Ton ist noch nicht verklungen, da passiert es.

»Überraschung!«

Im gleichen Moment springen sie überall hervor, hinter dem Tresen, zwischen den Regalen. Wohin er sich auch wendet, Leander Linnen blickt in die freudigen Gesichter seiner Kundinnen und Kunden. Sie halten brennende Wunderkerzen in den Händen, die ihre Augen leuchten lassen. Dort bei der Stehlampe ist Lucy im blauen Basketball-Trikot, gleich neben dem Mädchen, das sich nichts sehnlicher als Schnee gewünscht hat. Und da ist ja auch der

Mann, der die schwierige Aufgabe hatte, »Nichts« zu kaufen. Ob der Mann mit der lustigen Zuckerstangen-Krawatte neben ihm sein Verlobter ist? Leander Linnen lässt seinen Blick schweifen und entdeckt weitere Bekannte. Das Papiervogel-Mädchen und die streitlustigen Geschwister haben sich offenbar angefreundet, sie lassen die Spielzeugeisenbahn durch den Laden fahren. Oh, und das ältere Ehepaar hat seine sieben Enkel mitgebracht, die ihn mit großen Augen anstarren. Leander Linnen wird sich bewusst, was für einen Anblick er bietet – mit seinem dicken roten Mantel und der passenden Mütze. Aber glücklicherweise ist hier ja noch ein anderer Weihnachtsmann, mit einem Kartoffelsack unter dem Arm, er nickt ihm freundlich zu, ein Gruß von Kollege zu Kollege. Da flitzt etwas zwischen seinen Beinen hindurch, eine kleine, flinke Ratte. Leander Linnen lacht. Wenn Henriette hier ist, kann auch ihr Herrchen nicht weit sein. Genau, dort, vor dem Schaufenster steht der Mann mit den langen Locken – und die dunkelhaarige Frau an seinem Arm wird sicherlich Sascha sein. Oh, und da ist ja auch die Frau, die es immer so eilig hat. Zur Feier des Tages hat sie sich kleine lilafarbene Christbaumkugeln an die Ohren gehängt. Auch die Polizistin hat sich fein gemacht, ihre Mütze ist dekoriert mit einer blinkenden Lichterkette.

Sichtlich gerührt sinkt Leander Linnen auf seinen Ohrensessel. Er will gerade ein Taschentuch ziehen, um sich zu schnäuzen, da springt ein schwarzes Kätzchen in seinen Schoß. Gedankenverloren beginnt Leander Linnen das kleine Tier zu kraulen.

»Hast du das etwa alles eingefädelt?«, fragt er Jasmin, als sie sich neben ihn auf die Lehne setzt.

Doch Jasmin schüttelt den Kopf.

»Glaube mir, ich bin genauso verblüfft wie du.«

Da fällt Leander Linnens Blick auf seinen Freund Pepe, der ihn von seinem Platz hinter dem Tresen verschmitzt angrinst. Und auf einmal weiß der alte Mann, wer hinter der Überraschung steckt.

Bevor er noch etwas sagen kann, hat ihm schon jemand eine dampfende Tasse Tee in die Hand gedrückt – und auch Jasmin wird versorgt. Dazu gibt es selbst gebackene Plätzchen, das hatte der Junge mit der Baseballkappe ja versprochen. Sichtlich stolz reicht er Leander Linnen die Leckereien auf einem bunt bemalten Teller. In dem Augenblick, in dem Leander Linnen zugreift, beginnt die Musik. Oliver und Theresa spielen auf der Ukulele und einem kleinen Keyboard sein liebstes Weihnachtslied und wer mag, singt dazu. Währenddessen scheinen sich die Regale wie von Zauberhand zu verschieben. Mitten im Laden wird nun ein Tisch aufgebaut, so groß, dass alle Platz daran haben.

So nimmt ein rauschendes Fest seinen Anfang. Bis in die frühen Morgenstunden wird geschlemmt und gelacht und getanzt wie noch nie zuvor in Leander Linnens kleinem Wunderladen.

Lena Hach wurde 1982 in Hessen geboren. Sie besuchte eine Schule für Clowns, studierte anschließend Anglistik, Germanistik und Kreatives Schreiben. Sie arbeitete zunächst als Journalistin und widmete sich dann der Kinder- und Jugendliteratur. Inzwischen sind zahlreiche Bücher von Lena Hach bei Mixtvision erschienen, beispielsweise die Kinderreihen »Der verrückte Erfinderschuppen« und »Mission Hollercamp«. Ihre Bücher wurden vielfach ausgezeichnet, zuletzt mit dem Leipziger Lesekompass 2019 für das Jugendbuch »Grüne Gurken«.

Friederike Ablang wurde 1977 in Berlin geboren und studierte in Großbritannien und Deutschland Fotografie und Gestaltung. An der Kunsthochschule Berlin-Weißensee machte sie 2004 ihr Diplom und arbeitet seitdem als freie Illustratorin. Sie ist Mitglied der virtuellen Ateliergemeinschaft »Das Unterseecafé«. Friederike Ablang lebt mit ihrer Familie in Berlin.

Für ihre Unterstützung bedankt sich die Autorin herzlich bei:

Aygen-Sibel Çelik
Alexandra Koch
Anna Kochanova
Rachel Liven
Filippo Smerilli (SPRECHRAUM Beratung Berlin)
Marta Szafrańska
Yifat Yakubovitz
... und ihrem Weihnachtshasen.